JN246334

新しい
自然主義心理学

自然法則に従う人間モデルからの出発

三ヶ尻陽一

新曜社

もくじ

装幀＝新曜社デザイン室

序　章

　地球に住んでいる生き物の中で、人は特別な存在であろうか。確かに人は、最も繁栄している生き物の一種である。他の生物から脅かされることも少なく、自然を開拓して大規模な街を作ることもできる。神が作りし選ばれた種族と考えることもできよう。山や丘の上から街を見下ろすと、星空よりもはるかに明るい人工の光に目を奪われる。真っ暗な山や海との対比から、人は自然から逸脱してしまった存在であるかのように感じられる。

　大都市の中で生活をしていると、自分自身が生き物であることさえ忘れてしまうことがある。舗装された道路を歩き、高くそびえ立つビルの中で仕事をこなし、時間通りに運行する電車やバスによって移動する。機械の歯車がかみ合うように人々の営みは連携し、社会を成立させているようにも思えてくる。やはり人間は、自然から逸脱しているのだろうか。

　はるか昔より、自然とは不可解なもので、恐怖の対象ですらあった。自然は制御することができないし、気まぐれに振り下ろされる自然の猛威に、人間は対抗することができない。一度大地震が起きると平穏だった日常は瞬く間に破壊され、何千名という生命が奪われてしまう。人類が経験してきた戦いの大半は自然に対するものであり、残りは人同士のものであると言っても過言ではないだろう。われわれは長年の間、自然と対峙してきた。だからこそわれわれは、自然とは違うと考えてしまうのかもしれない。

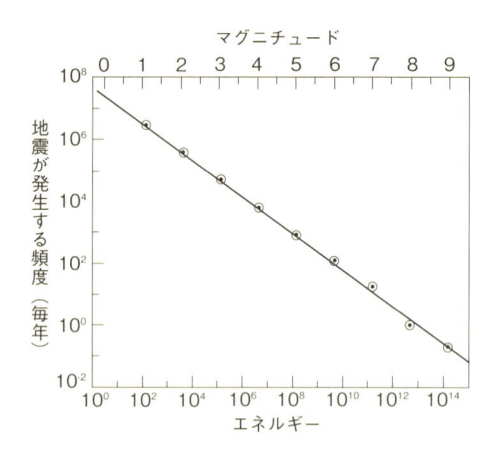

図1　地震の規模と頻度の関係に現れる「ベキ乗則」
（グーテンベルグ・リヒター則）（wikipedia）

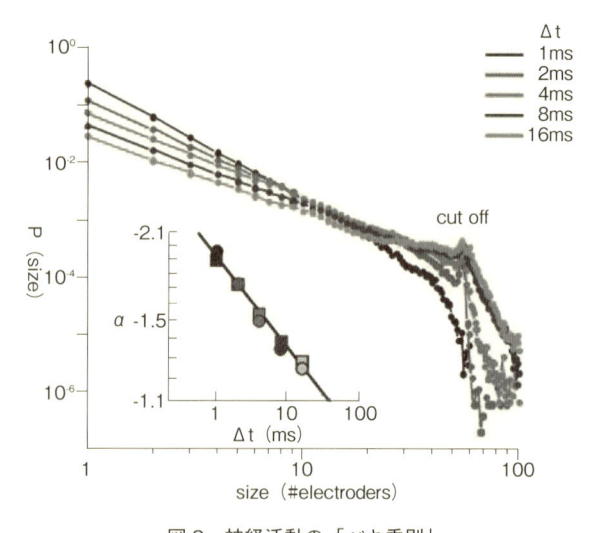

図2　神経活動の「ベキ乗則」
（Beggs et al., 2003, *Neuronal Avalanches in Neocortical Circuits* の Figure3 より）

　しかし、21世紀の科学は、人の営みも自然界と同じ法則に従っていることを次々と明らかにしている。たとえば、株価の変動や街の人口と順位の関係といった人の営みに関する現象は、地震の規模と頻度の関係や森林火災の規模と頻度の関係に現れる「ベキ乗則」に従っている。さらに言えば、人の頭の中で起こっている神経活動にも「ベキ乗則」が現れているのである（図1、図2参照）。心を発生させる脳内の現象が、自然界と同じルールによって起こっているならば、人間は自然の外にいるのではなく、一部に過ぎないのではないだろうか。そして、自然界から逸脱しているように見える人間の活動も、自然の一部に過ぎないことになる。

　自然の反対について考えてみよう。まず思い浮かぶのは「人工」だったり、「機械」であろう。それでは、自然と人工物や機械の決定的な違いは何であろうか。違いは1つや2つではなく、たくさんあるかもしれないが、その1つは既知であるかどうかであろう。人類は自然科学の発展によって自然界で起こっている物事を理解できるようになったし、場合によっては予測することもできるようになった。しかし、厳密に言えば、自然を完全に理解することはできない。われわれは重力という力が働いていることは身をもって知っているが、なぜ重力が発生するのかを知らないし、気にも留めない。一方、人工物や機械は既知である。人の手によって論理的に組み上げられ、人が計算したとおりに歯車がかみ合って仕事をこなす。われわれの生活に深く浸透し、もはやなくてはならないものになったパソコンやスマートフォン等のコンピュータも人工物であり、知識のある人たちが集まれば、あらゆる動作を正確に説明することができるであろう。

　人は、「知らない」ことを恐れる。そのため未知の物事に遭遇すると自らのよく見知ったものになぞらえることで理解しようとし

（なぜなぞらえるのか、なぞらえるメカニズムは本書を読めばわかるだろう。）、わかった気になれれば、安心することができる。学問の中で最もメタファーやアナロジーを多用しているのは心理学であろう。特に認知心理学は人の心の働きを心的過程と呼び、コンピュータの性質や部品になぞらえて理解することを大きな特徴の1つとして持っている。

　人の心を理解することは難しい。しかし、人もコンピュータも計算をすることができる。だから人をコンピュータと見なして理解しよう。そう考えるのは、本書が示す人の性質上、とても自然なことである。しかし、このような思考は、人の本質に対する理解を阻害し、誤った方向に誘導しているおそれがあるのである。繰り返しにはなるが、自然は未知であり、コンピュータをはじめとする人工物は既知なのである。人工物は歯車がかみ合うような論理によって動作をするが、自然界は論理とは異なるメカニズムやダイナミクスで活動をしている。

　認知心理学は、人をコンピュータになぞらえることを出発点としているが、各現象に対して、前提も思想もまったく異なる数多くの仮説を積み重ねた理論やモデルが乱立している。しかし、もとをただせば、心理学的な現象の多くはたった1つの頭の中で起こっていることだと考えることができよう。そこで本書では、認知心理学による理論やモデルを説明した後で、人の頭の中で起こっている自然現象を根底に据えたモデルを1つだけ構築する。そして、このモデルを用いて、様々な現象に対して統一的な説明をしていくことにする。多くの現象を説明するために多くの理論を必要とする心理学と、多くの現象を説明するためにたった1つのモデルで済む心理学、どちらの心理学を信じるかは、今、読者の手に委ねられている。

第 I 部　エンジニアが作った心理学

　エンジニアが作った心理学とは、心理学の中で現在主流にある認知心理学のことである。認知心理学が生まれるまでの過程を、駆け足で説明しよう。

　ドイツの思想家インマヌエル・カント（Immanuel Kant, 1724-1804）の時代には心理学は哲学の一部であり、心は科学が扱う対象ではないと信じられていた。その後、物理学者であるグスタフ・フェヒナー（Gustav Theodor Fechner, 1801-1887）は自らを実験台にして残効現象を調べ、感覚や知覚を数量化して測定する精神物理学を構築し、心が科学的に扱えることを示した。生理学者のヴィルヘルム・ブント（Wilhelm Max Wundt, 1832-1920）は、心理学は哲学のような形而上学ではなく、経験的な事実や現象を対象として実証的な方法で研究する学問であると主張し、内観と呼ばれる自己観察によって研究を行った。

　その後、ブントの複合的な心の働きを個々の要素に分解してその要素の性質を調べることで法則を見出そうとする姿勢に対するアンチテーゼとしてゲシュタルト心理学が生まれ、内観法に対する反発として行動主義心理学が生まれた。行動主義心理学は、細かく見れ

ば、ジョン・ワトソン（J. B. Watson, 1878-1958）を代表とする古典的行動主義心理学、バラス・スキナー（B. F. Skinner, 1904-1990）を代表とする徹底的行動主義心理学、そして、クラーク・ハル（C. L. Hull, 1884-1952）を代表とする新行動主義心理学に分かれる。

　古典的行動主義心理学では、意識を研究の対象とは見なさず、研究の目的を行動の予測と制御としており、実験や観察等の客観的方法のみを用いる。心は行動の随伴現象であり、行動は生理学的な反応の組み合わせに過ぎず、あらゆる反応には原因たる刺激が存在すると考える。

　徹底的行動主義心理学では、感覚や感情は刺激として、認知は行動として捉えられ、S-R 理論では取り上げられなかった自発的な行動（オペランド）についても取り扱うようになった。しかし、認知はあくまで説明されるべき従属変数であって、行動を起こすための独立変数としては扱えないという姿勢をとっており、研究対象は、あくまで環境と行動の相互作用に限っている。

　新行動主義心理学は、古典的行動主義心理学の限界を克服するために、行動を刺激に対する反応と見なすS-R 理論に対して、媒介変数のＯを加えたS-O-R 理論を提唱している。このＯは有機体であり、人の心的な要因を意味している。ハルは、S-O-R のＯについて先に仮説を立てて、実験によってその仮説を検証する仮説演繹法を採用しており、この方法論は認知心理学にも継承されている。認知心理学は、新行動主義と、その当時最も発展があった情報科学の融合によって生まれた心理学であると言ってもよく、心を探究する研究者も物理学者や生理学者から情報科学を根に持つエンジニアに移っていくことになる。これが、本書が認知心理学をエンジニアが作った心理学と呼ぶ所以である。

　第Ⅰ部では、認知心理学の基本的な研究の進め方や考え方と誤謬

になりかねない点を指摘する。最後に認知心理学による心理学的な現象の解釈について説明する。

第1章 サイエンティストとエンジニア

　本章では、サイエンティストとエンジニアの違いについて、著者なりの理解を示しておく。サイエンスとエンジニアリングでは、物事への取り組み方や結果の取り扱いに大きな違いがあるように思える。もしかすると、これはただの思い込みに過ぎないのかもしれないが、サイエンティストがエンジニアを理解するにはどうしたらよいのか、エンジニアがサイエンティストを理解するにはどうしたらよいのかを考えるためのヒントにもなるであろうし、新しい自然主義心理学と認知心理学の違いを理解する上でも役に立つであろう。

第1節　サイエンティスト

　サイエンティストとは、端的に言えば真理を追究する人である。そのため、原理や原則の導出や理論の正しさを求め、一度や二度は統一理論の構築を夢見るものである。とはいえ、真理を追究することは非常に難しい。新たな理論を提案する場合には、従来理論では説明できないような現象を1つ観測できればよいかもしれないが、理論が正しいかどうか確認するためには、十や百の実験では全然足りない。本当に真理を追究することは、もしかしたら不可能なことなのかもしれないが、真理の追究こそが、サイエンティストの使命なのである。

　サイエンティストにとっては理論やモデルの正しさこそが重要であり、時に役に立つかどうかはどうでもよくなる。そのため、サイエンティストの行う研究はお金がかかるものの、お金を生まず、人々の幸福になんら貢献しない場合も多い。いや、ほとんどの場合はそうであろう。しかし、真理の追究こそがサイエンティストの使命であり役割であるため、これはある意味正しい姿勢だと思う。

　真理を追究することは極めて難しい。理論が本当に正しいのかについても同様である。天動説と地動説を例に挙げてみよう。現在では、月は地球の周りを回っており、地球は太陽の周りを回っていると信じられている。地球が太陽の周りを回っていると考える説は地動説と呼ばれ、地球は動かずに地球の周りを月や太陽等の星が回っているという考えは天動説と呼ばれる。かつては、地動説は異端とされ、天動説が正しいと信じられていた。

　それでは、現在信じられている地動説は真実なのだろうか？　普段われわれは地球の上に生息しており、地球から天体を見上げることはあっても、地球自体を外から眺める機会はない。また、宇宙の中で静止している絶対的な座標を持っているわけでもない。そのため、地球が動いているのか、太陽が動いているのかについては、星と星の相対的な位置によって知るしかなく、「本当に地球が回転しているのか？」とか「本当に地球が太陽の回りを周っているのか？」という問いに答えることは、実は難しい問題である。

　それでは、なぜ天動説よりも地動説の方が支持されるのだろうか。1つの基準にオッカムの剃刀という指針がある。簡単に説明すると、オッカムの剃刀とは、物事を説明するために必要な仮説は少ない方がよいという指針である。天動説によって天体の動きを説明するために 100 個の仮説が必要だったとして、地動説では 10 個の仮説で同じだけの天体の動きを説明できたならば、地動説の力がとりあえ

ず正しいことにしておこうという考え方である。

　近年、一部のサイエンティストは、科学が現象を説明しすぎることに対する警鐘を鳴らしている。これは、偶然の産物に対してもなにかしらの説明が与えられていることに対してである。大ヒットしたコマーシャルの流行した理由を心理学的に説明する場合を例に挙げてみよう。心理学の観点から言えば、重要なのは親近性と意外性であり、この両者があると流行すると説明できる。確かに、大ヒットしたコマーシャルには親近性と意外性を兼ね備えたものが多いかもしれないが、ヒットしなかったコマーシャルにも親近性と意外性を兼ね備えたものが無数にあることだろう。コマーシャルの大ヒットや流行には、人と人の関わり合いによって生まれる予測が困難なダイナミクスが関わっていると考えられ、一定の水準を超えたものが流行するかどうかは、偶然の産物に過ぎないかもしれないのである。

　その一方、現象を説明できさえすればよいという風潮があるようにも思える。本当のことはわからないし確認することはできないため、科学にできることは「説明すること」だけなのかもしれない。しかし、科学者が真理を追究することを放棄して、事象の説明を最終的な目標に据えた場合、紀元前にソクラテスが批判したソフィストと何が違うのだろうか。研究を行うためには多額の費用が必要であり、その費用を得るためには、出資者に対してなんらかの説明をしなければならない。もしかすると、その説明は詭弁と呼ばれても仕方がないようなものもあるのかもしれないが、少なくとも研究の結果に対しては、真理を追究する姿勢で臨んでもらいたいと考える次第である。

第 2 節　エンジニア

　エンジニアとは、不可能だったことを可能にし、人々の生活を良くしようとする人である。そのため、エンジニアにとって重要なことは役に立つかどうかであって、理論やモデルの正しさは大して重要ではない。たとえば、エンジニアが「脳波を使って操作するインタフェース」を開発したとしよう。利用者は頭に脳波を測定すると言われる装置を付けて、ゲームか何かに挑み、最初はうまく操作できなくても、だんだん思うように操作ができるようになっていく。利用者もエンジニアもこの新たなインタフェースに心躍らせるが、実際に脳波を測定すると言われる装置が測定していたのは脳波ではなく、頭皮の筋電に過ぎなかったという落ちがつく。利用者は脳波を出しているつもりが、実際には頭皮に緊張を走らせることで操作を行っていたのである。しかし、エンジニアにとって、ちゃんと脳波を測定できていたのかはあまり重要ではなく、頭に装置を付けて、実際に操作ができたことが大事なのである。

　飛行機が空を飛べるメカニズムも、近似解としては得られていても、厳密に言えば未だ未解明な部分もあると聞く。しかし、飛行機は多くの人や物資を短時間に遠隔地に運ぶことができ、未解明な部分が作用して問題が起こる確率が十分に低ければよいのである。

　エンジニアは、必ずしも完璧なものを生み出すわけではないし、エンジニアではない人も、その姿勢を知らず知らずのうちに受け入れていると思われる。パソコンを例に挙げて見よう。パソコンのソフトウェアには、多かれ少なかれバグと呼ばれるプログラム上の不備が潜んでおり、急遽作業を停止させられることになったり、外部

からデータを壊されたりするケースがある。エンジニアリングに身を置いたことのない人は「なぜ完璧にしてから出荷しないのか」と思うかもしれないが、実際のところ完璧な商品を作ろうとしたらとんでもない人員と時間と費用がかかり（それでも完璧にはならない）、競争に負けてしまうからである。

　しかし、エンジニアのこのような姿勢は、決して非難されるべきものではないと著者は考えている。完璧ではないけれども役に立つものを生活から取り除いてしまったとき、どこまで後退しなければならないのか想像もつかない。頻繁にアップデートを要求するパソコンもそういうものだと考えればそれほど不自由はしないし、遠方まで歩いていくよりも、飛行機や電車、自動車に乗った方がはるかに楽で安全だと思われる。

　エンジニアは、非常に論理的である。歯車 A が歯車 B に力を伝え、歯車 B が歯車 C に力を伝え、… 歯車 Z が紐を巻き取る。そのような形で物事を捉える傾向にあるように思える。この考え方は、対象が機械であったり、力学で記述できるものであったりすれば、おおよそうまくいくであろう。しかし、風が吹くと桶屋が儲かる仕組みを論理的に歯車の如く説明してしまうケースもあるのではないだろか。

　近年、エンジニアがサイエンティストに近いことをしようとする場合がある。エンジニアリングによって新たな測定方法が確立したため、この方法を用いてサイエンスの研究を行うのは正しい姿勢であるし、どんどん進めていけばよいと思う。しかし、エンジニアリングによって生まれたものが役に立つレベルに達していないとき、その研究の意義をサイエンスに求めるのはどうであろうか。最近、流行っている人工知能分野のディープラーニングは、画像の研究から生まれたと聞く。ディープラーニングによって画像認識の精度が

格段に上がったならば、この研究はエンジニアリングとして十分な貢献であると言えるだろう。しかし、ディープラーニングの振る舞いから人の心に対して推論しようという姿勢には疑問を持たざるを得ない。

　役に立つことを放棄したエンジニアリングは、真理の追究を諦めたサイエンスと同様に罪深い。それでは、エンジニアがエンジニアリングの価値観で人の心を追究したらどうなるであろうか。それが認知心理学である。

第2章　認知心理学の考え方と誤謬

　認知心理学は、現在において心理学の主流であって、最も大きな勢力を持っている。認知心理学では、行動主義心理学がブラックボックスとして扱ってきた部分に対して心的要因や心的過程という名前を付けて、コンピュータになぞらえた内部処理のメカニズムを仮定し、それを仮説演繹法によって検証してきた。

　では、なぜ心的過程をコンピュータになぞらえたのだろうか。それは、認知心理学が誕生した当時、情報理論とコンピュータ工学の発展が著しく、大型のコンピュータがデータを計算したり、記録したりできるようになったからである。人が作った機械が、人が出来事を記憶するように記録したり、人が暗算するように計算したりする様は、その当時驚くべきことであり、大きな衝撃であったと考えられる。「序章」でも述べたとおり、人は、知らないものや、わからないものを理解しようとしたとき、よく知っているものになぞらえて理解しようとする傾向がある。すると、人の心的過程はコンピュータのようなものではないかと考えるのは、自然だったのかもしれない。こうして、古典的行動主義心理学がブラックボックスとして扱い、新行動主義心理学が内的要因として扱った部分が、コンピュータやその部品に置き換えられる形で「内的過程」や「心的過程」として研究の対象に舞い戻り、これまで研究の対象とされなかった記憶や注意、意識などのテーマが扱われるようになったのである。

　認知心理学という名前は、ナイサー（U. Neisser, 1928-2012）が
1967 年に出版した教科書のタイトルに由来しており、この本によっ
て人を情報処理に見立てる研究が増えていくことになる。ナイサー
は、認知心理学の名付けの親である一方、アフォーダンス理論で有
名なギブソン（J. J. Gibson, 1904-1979）の考え方に触れ、1970 年に
は認知心理学を批判していたことは非常に興味深い。

第 1 節　推論の方法と仮説演繹法

　仮説演繹法は、新行動主義心理学のハルが導入し、徹底的行動主
義心理学のスキナーが非科学的であると批判した研究法である。こ
の研究法は、認知心理学にも継承されており、科学的方法の 1 つで
あるとされている。認知心理学では、この方法に倣い、心的過程に
対して積極的に仮説を立てて、実験によって検証するスタイルを
とっており、認知心理学における生命線の 1 つであるとも考えられ
る。認知心理学による具体的な研究成果を紹介する前に推論の方法
や仮説演繹法について、どのようなときには役に立ち、どのような
ときに間違えてしまうのか知っておこう。まず、推論の方法として
帰納法と演繹法の 2 つを紹介し、最後に仮説演繹法を紹介する。な
お、抽象的で難しい説明になるのを避けるため、卑近な具体例を出
して説明することにする。

第 1 項　帰納法

　帰納法とは、多くの事例の中から普遍的な法則を見つけようとす
るボトムアップ式の推論方法であり、古典的行動主義心理学や徹底

的行動主義心理学は帰納法によって研究を進めていた。たとえば、観測された事実として、

- ・ボールを持ち上げて手を放すと、ボールは落下した。
- ・バットを持ち上げて手を放すと、バットは落下した。
- ・グローブを持ち上げて手を放すと、グローブは落下した。

があったときに、「物体は、持ち上げて手を放すと落下する」という結論を導くのが帰納法である。もう1つ例を挙げておこう。観測された事実として、

- ・1000年前は、東から太陽が昇った。
- ・100年前も、東から太陽が昇った。
- ・10年前も、東から太陽が昇った。
- ・1年前も、東から太陽が昇った。
- ・今朝も、東から太陽が昇った。

があったとき、帰納法によって「太陽は東から昇る」という結論が導かれる。この2つの例を出すと、帰納法は十分信頼できそうな印象を受けるかもしれない。しかし、実際には、そう簡単な話ではない。帰納法が失敗する例についても挙げておこう。観測された事実として、

- ・3年前の3月末に桜が咲いた。
- ・一昨年は3月末に桜が咲いた。
- ・昨年は3月末に桜が咲いた。

があったとき、帰納法では「桜は3月末に咲く」という結論を導き出すことができる。しかし、観測した桜がすべてソメイヨシノであって、次に観測される桜が別の品種であったとき、この結論は否定されるかもしれないし、日本とは四季が異なるどこか別の国の桜を調べた場合にも否定され得るだろう。このように帰納法では、確率などの蓋然性を導くことはできるが、結論が必ず真であることは保証されていない。

　帰納法を用いる場合には、サンプルの数が重要であり、桜の例ではたったの3サンプルで結論を導いたが、非常に大きいサンプル数で導き出した結論は説得力を増す。先ほどの、太陽が昇る方角のように、観測された回数が非常に多い場合にはその信頼性は増すが、太陽が東から昇るという法則は、たとえば、北極圏などの太陽がそもそも沈まない地点もあるために、汎化してしまうと実は誤りである。帰納法は、このように誤る場合もあるが、実験データを淡々と積み上げていき、それらの結果を束ねて適切な範囲で一般的な法則を導くことができれば、有効な手段であると考えられる。

　帰納法が使える場合と使えない場合について理解できれば、ランダムサンプリングの重要性が理解できるようになるだろう。たとえば、特定の集団から実験参加者を募った場合、その特定の集団にとっては一般法則になりえても、全体から見ればそれは一般法則になりえないものである可能性を否定できない。とはいえ、実際にランダムサンプリングを行うことは非常に難しいため、実験参加者やサンプルをどのように集めたのかを明確に記述しておくことは、実験の再現性を担保する上で極めて重要なことであろう。

第2項　演繹法

　演繹法は、大前提となる理論から結論を導き出すトップダウンの推論方法である。有名な三段論法は演繹法による推論の1つなので、これを例に説明する。三段論法は、大前提、小前提、結論から成り立っている。例を挙げてみよう。

・日本には四季がある（大前提）。
・東京は日本である（小前提）。
・よって東京には四季がある（結論）。

演繹法の場合、前提が正しければ、結論は必ず正しくなる。
別の例を挙げてみよう。

・人間は必ず死ぬ（大前提）。
・ソクラテスは人間である（小前提）。
・よってソクラテスは必ず死ぬ（結論）。

　この場合も、大前提と小前提が正しいため結論は必ず正しく、ソクラテスは必ず死ぬのである。次に正しく推論できない場合について例を挙げる。

・パソコンは電源に繋がっていないと動かない（大前提）。
・ノートパソコンはパソコンである（小前提）。
・よってノートパソコンは電源に繋がっていないと動かない（結論）。

　この場合、結論は間違いである。ノートパソコンは、大抵の場合バッテリーを積んでいるため、電源に繋いでいなくても動く場合があるからである。演繹法の場合、大前提や小前提が誤っていた場合には、正しい結論を導けなくなる。

　それでは、人を機械になぞらえた例を挙げて見よう。

・人の記憶はコンピュータのハードディスクにおける記録と同じである（大前提）。
・ハードディスクは半永久的にデータを保存する（小前提）。
・よって、人の記憶は半永久的である（結論）。

　この結論は、誰の目から見ても明らかに誤っていることだろう。それでは、誤っているのは大前提だろうか、それとも小前提であろうか。

　説明を簡単にするために演繹法の１つである三段論法を説明したが、実際には三段に限定する必要はなく、五段でも十段でもよい。ただし、前提のうちどれか１つでも誤っていた場合には、正しい結論を得ることはできない。

第３項　仮説演繹法

　新行動主義心理学のハルが導入し、認知心理学に受け継がれた仮説演繹法は、帰納法と演繹法を組み合わせた形である。まず、先行研究の結果などから帰納法によって仮説を導き出し、その仮説を演繹法における小前提に組み込む。もし、前提が正しければ、演繹法によって導かれた結論が実験結果として観測されることになり、誤っていれば別の結果が観測される。予想通りに結果が得られれば、

その仮説は正しいと見なされ、そうでなければ間違いであると棄却されるのである。

　なお、徹底的行動主義心理学のスキナーは、仮説演繹法を非科学的であると否定している。仮説演繹法が誤る場合には様々なパターンがあると考えられるが、1つ例を挙げるならば、演繹法における大前提が誤っている場合であろう。

　誤りの例として出すことが適切であるかはともかくとして、スタンバーグの実験を紹介しよう。スタンバーグは、人がどのような方法で記憶を想起するのかという問いに対して、情報検索装置を持ち出して仮説を立てている。すなわち、記憶の想起が、記憶を1つずつ順番に思い出していくシリアル型の処理だったならば、記憶したものの数が多ければ多いほど想起に時間を要し、必要な情報に直接アクセスできるパラレル型の処理であるならば、想起の時間は記憶の数に依存しないだろうと考えたのである。なお、スタンバーグが用いた実験課題は次のようなものである。実験参加者に対して1〜6個からなる記憶項目のリストを完全に記憶させた後で、その中の1つの検査項目を提示して、その項目が先ほど記憶したリストの中に含まれていたかどうかをなるべく早く正確に判断させる。そして、検査項目を提示してから回答がなされるまでの反応時間を測定し、この反応時間を用いて先ほどの仮説を検証したのである。その結果、記憶するリストの項目が多ければ多いほど判断には時間を要することがわかり、スタンバーグは、人の想起のメカニズムはシリアル型であると考察している。

　スタンバーグの実験を、仮説演繹法の大前提、小前提、結論に分けて分析してみよう。まず、大前提に置いているのは、

　・記憶の想起はシステムにおける情報検索と同じである（大前提）。

・情報検索装置の探索が、カセットテープやビデオテープのように シリアル探索であるならば探索する範囲が広がれば探索に時間がかかり、CD や DVD のようにパラレル探索であるならば、探索範囲を広げても探索に要する時間に変化はないだろう（小前提）。
・想起の範囲を広げると、想起に要する時間が延びたため、人の記憶はシリアル検索である（結論）。

　さて、本当に人の記憶はシリアル検索なのであろうか。認知心理学では、スタンバーグの実験の大前提にあたる「記憶の想起はシステムにおける情報検索と同じである」に相当する部分を大前提に据えている場合が多い。人の心的過程をコンピュータの部品や性質になぞらえる考え方は、コンピュータメタファーと呼ばれている。

第2節　コンピュータメタファーによる心の理解

　認知心理学では、心的過程に対してコンピュータやその他の物、概念や脳の機能を当てはめて理解しようとしている。本節では高次認知機能に焦点を当てて認知心理学による心の理解について説明する。
　人を情報システムだと見なすことで研究に新しい切り口を与えた説明や実験についても見ていこう。人を情報システムに置き換える考え方が最初に功を奏するのは、ジョージ・ミラー（G. A. Miller, 1920-2012）が人の短期記憶をメモリになぞらえて、その容量が 7 ± 2 であると指摘したときである。これは、実験により求められたものではなく、諸文化において 7 という数字が多用されることを根拠

としているが、短期記憶という不可解なものをメモリというよく知られているものになぞらえたため、聴衆にとって非常に想像しやすく、受け入れやすかったのだろうと推測できる。

　この他にも、人の記憶をコンピュータのメモリになぞらえて理解しようとする試みがある。コンピュータのメモリは、人が記憶するのと同様に情報を保持することができる。アトキンソンとシフリンは、記憶を短期記憶と長期記憶に分け、短期記憶を貯蔵するところを短期貯蔵庫、長期記憶を貯蔵するところを長期貯蔵庫と呼ぶ二重貯蔵モデル（R. C. Atkinson & R. M. Shiffrin, 1968）を提案した。短期貯蔵庫は、数秒から数十秒程度の文字通り短い期間しか情報を保持できず、ミラーが提唱したとおり容量も少ないが、その項目を何度も唱える維持リハーサルなどによって情報は長期記憶に転送されると考えられている。長期貯蔵庫は、短期貯蔵庫とは反対に、大容量の情報を保持し続けられると考えられている。このモデルでは、短期記憶と長期記憶は別であり、短期記憶の内容が長期記憶に転送されるという表現をしている。

　二重貯蔵モデルの短期貯蔵庫に、情報の保持だけでなく操作する過程まで想定したものはワーキングメモリと呼ばれ、ワーキングメモリに関しても二重貯蔵モデルのようにコンピュータのメタファーによるモデルが提唱されている。バッドレーとヒッチによるマルチコンポーネントモデル（A. Baddeley & G. Hitch, 1974）によれば、ワーキングメモリは、視覚的・空間的なイメージの保持や操作を行う視空間スケッチパッドと音声情報を取り扱う音韻ループという２つのスレーブシステムと、これらの管理や情報の統合を行う中央実行系によって構成される。

　ワーキングメモリの機能は、別の文脈では実行機能と呼ばれている。実行機能はフリードマンらのモデル（N. P. Freidman et al.,

2008）によれば、情報の更新、課題ルールのシフト、共通実行機能の3つの要素から成り立っている。このうち、共通実行機能はすべての課題の成績に関わっていると考えられ、マルチコンポーネントモデルにおける中央実行系とよく似ていることがわかる。現代の研究者たちは、この中央実行系や共通実行機能に注目しており、これらの機能を担う脳部位や注意との関係について、未だ熱い議論が行われている。

　なお、フリードマンらのモデルは、コンピュータメタファーというよりは、脳機能のモデルである。

第3節　実験法と fMRI

第1項　実験法

　実験法とは、実験を用いてデータの収集と分析をする方法のことである。まず、著者が実際に行い、現行のパラダイムに対して疑念を抱き始めるきっかけとなった研究や、卑近な例を挙げて実験法を紹介し、実験法の誤用について指摘する。また、未検証ではあるものの、実験法の根本的な問題になるかもしれない点についても紹介しておく。

　人は、大量の判断をしたり、我慢などの自己抑制を行うと、後に攻撃的になったり、我慢が利かなくなるという現象が知られており、この現象は自我消耗と呼ばれている。筆者らは、課題の切替えが自我消耗を起こすのではないかと仮説を立て、これを実験法によって検証した。まず、実験参加者を実験群と統制群の二手に分け、実験群の実験参加者には、切替えを含む課題を行わせ、統制群の実験参

加者には切替えを含まないが同程度の難しさの課題を行わせた。そして、両方の実験参加者に対して、自我消耗が起こっているときには課題のパフォーマンスが下がる課題を行わせて、その課題の成績が実験群と統制群の間で差が出るのか調べたのである。これを実験法によって解説すると、切替えを含む課題の遂行という要因の有無という独立変数の違いによって、自我消耗を検出する課題のパフォーマンスという従属変数がどう変わるのかを調べたのである。

　差の有無を調べるには、まず、帰無仮説として、実験群のパフォーマンスと統制群のパフォーマンスには差がないという仮説を立て、2群の平均値の差が偶然誤差の範囲に収まるかどうか検定を行う。そして、偶然誤差の範囲に収まれば、帰無仮説が採用され、収まらなければ帰無仮説が棄却されるのである。

　次に心理学ではない、もっと単純な例を出そう。たとえば、唐辛子を食べると、体温が上がるという仮説を持っていたとして、これを実験法によって検証しようとした場合を考えてみよう。まず、実験参加者全員の体温を測った上で実験群と統制群の2群に分ける。そして、実験群の参加者には唐辛子入りのスパゲッティを食べてもらい、統制群の参加者には唐辛子が入っていないスパゲッティを食べてもらう。群間の差は、唐辛子の有無だけなので、これが操作対象の独立変数に相当する。そして、食後にもう一度全員の体温を測る。実験前と実験後の体温の変動が、観測される結果の従属変数に相当する。もし、実験群に属する参加者の体温が上昇しているにもかかわらず、統制群に属する参加者の体温が上昇していなければ、仮説は立証されることになる。そこで、「実験群と統制群の間で体温の変動に差がない」という帰無仮説を立て、実験群と統制群の従属変数の平均値の差が偶然誤差の範囲に収まるか統計検定を行うのである。もし、有意な差があったならば、実験群と統制群の従属変

数は、同一の集団から取得されたサンプルだと見なすことが難しくなるため、独立変数である唐辛子の摂取によって違いが現れたと解釈する。

　この唐辛子実験には、いくつかの欠点がある。たとえば、唐辛子を使わなくても、温かいスパゲッティを食べれば体温が上がるため、体温上昇の原因を唐辛子だけに求めることが本当にできるのかという問題がある。もし、唐辛子に、体温を上げる効果ではなく、食事による体温の上下を強める効果があった場合にも同様の実験結果が表れることになり、この実験のみでは結論を出すことができないのである。この問題を回避するためには、たとえば、実験群の参加者に唐辛子だけを食べさせることも考えられるが、そうしてしまうと、実験群は「食べる」という行為を行っているのに統制群は「食べていない」ために、体温上昇の原因を「唐辛子」に限定することができなくなってしまう。そこで、スパゲッティ以外に複数の食べ物を用いて同様の実験を繰り返さなければならない。

　最後に、実験法を誤って使った例を出そう。イカサマを疑われているサイコロがあり、このサイコロは実際に歪んでいて、3が出づらい代わりに2が出やすく、4が出づらい代わりに5が出やすいとする。実験者は、このサイコロがイカサマのサイコロかどうか調べるために、信頼できるサイコロを1つ用意し、この2つのサイコロを延々と振り続ける実験をする。当然、実験群は、イカサマサイコロを振ったときの目を記録したデータであり、統制群は、信頼できるサイコロの目を記録したデータである。もし、イカサマを疑われているサイコロが実際に歪んでいるならば、実験群と統制群の間で出た目の平均値に差が出るはずである。検定を行った結果、2つのサイコロの間には有意な差は出ず、実験者は、サイコロのイカサマを見逃すことになる。

この実験の欠陥は、非常に単純で、平均値の差の検定を用いていることである。もし、サイコロのような確率的な事象を扱うならば、出目の分布を確認すべきであるし、分布の同一性を調べるような検定を実施すべきなのである。とても馬鹿げたような例かもしれないが、心理学研究で最も頻繁に使われている反応時間の分析は、正にこのような誤りを犯している可能性があることを指摘しておく。反応時間分布を表現する関数を付録で導出しているので参考にしてほしい。

　実験法では、個人個人の能力のばらつきは正規分布になるという暗黙の了解がある。実験に参加する人をランダムにサンプリングすれば、個人個人の能力のばらつきは無視できるようになり、実験群と統制群の違いは、条件の違いだけに帰属できるようになるという期待があるように思える。しかし、この前提は正しいのだろうか。確かに10人や20人くらいの実験参加者を呼んできて、データを収集し、分析してみれば、1人や2人の不出来な人や出来過ぎる人を外れ値として取り除いてしまえば、正規分布のように見えるかもしれない。しかし、過去の偉人を見てみると、アイザック・ニュートンやアルベルト・アインシュタインのある種の能力は、正規分布の中には到底納まらないと考えられ、特定の能力に注目したとき、能力の高さとその能力を出せる人口のグラフを描いた場合には、ベキ分布になるのではないかとも思える。ベキ分布とは、株価の変動などにも見られる非常に裾野の広い分布であって、平均や分散が意味を持たない分布である。もし、ベキ分布を作る集合から10人や20人のサンプルを採取して、その平均値を求めて比較しているならば、実験法は限りなくサイコロゲームに近くなってしまうのである。実験法による研究の正当性を主張するためには、個人差の分布が正規分布になること、少なくとも、平均や分散が使えないベキ分布では

ないことを確認しておくことが重要であろう。

第 2 項　fMRI

　脳機能の計測においても、実験法の考え方を踏襲している場合がある。医療用であった技術を研究用に転用することで脳機能の計測や画像化が行えるようになったと言われており、脳機能画像化技術の発達に伴い、認知心理学で得られた知見であるワーキングメモリなどの機能と脳機能の対応づけをしたり、個人差の由来を脳機能画像化技術によって解明したりする試みも行われている。脳機能画像化技術には、たとえば、ポジトロン断層法（PET）や近赤外線分光法（NIRS）などもあるが、本書では fMRI について紹介する。

　fMRI とは、functional Magnetic Resonance Imaging の略であり、日本語では、機能的磁気共鳴画像法と呼ばれる。fMRI と聞くと、脳の機能をそのまま画像化できる技術であると勘違いしている人もいるかもしれないので、この技術が脳の機能を画像化できると言われている原理を説明する。

　脳内で神経活動が起こると、活動電位、シナプス後電位、膜電位等の電気的な活動が起こり、この活動は一次信号と呼ばれる。神経細胞が活動するためにはエネルギーが必要なため、電気的な活動の後に代謝活動などの生理学的な活動が起こる。この活動は二次信号と呼ばれる。代謝活動によって神経内の糖や酸素が減ってくると、今度はこれを補うために局所的な脳血流が増加する。この血流の変化は三次信号と呼ばれる。

　fMRI では、MRI を使って画像を取得するのだが、MRI はこれらの信号のうち、三次信号を測定するもので、電気的な活動を捉えたものではない。また、三次信号は、電気的活動 → 代謝活動 →

脳血流と段階を経ているため、神経活動から 1 〜 2 秒の遅れがある。

　脳の異なる部位が 2 か所同時に活動したときに、2 つの独立した活動であると計測できる最小の距離を空間分解脳と呼ぶが、MRI の空間分解脳はせいぜい 1mm である。ニューロンの大きさは 200 分の 1mm 程度であり、1 立方 mm の中には実に 10 万個のニューロンが詰まっていることを考えると、1 つ 1 つのニューロンの活動を捉えられるものではないことがわかる。

　脳の同一箇所で連続して 2 回の活動があった場合に、2 つの独立した活動であると計測できる最小の時間間隔を時間分解脳と呼ぶが、MRI の時間分解脳はせいぜい 1 秒 〜 10 秒くらいである。ニューロンの発火活動は 1m 秒程度であるため、1 つ 1 つの活動を捉えられるものではないことがわかる。

　しかし、1 つ 1 つの活動が捉えられなくても、脳の特定領域の血流量については知ることができるし、MRI の時系列に対して微分演算を行えば、脳血管の図を描くこともできる。MRI は性能の限界を知り、目的にあった使い方をすれば非常に頼りになる技術である。

　よく、ワーキングメモリには、前頭葉の活動が関係しているなどと言われるが、どのようにしてこのような知見が得られているのかについて簡単に紹介する。課題に対応する脳部位を特定する場合には、課題を行っているときの MRI 画像と、安静時の MRI 画像の差分を求め、fMRI 画像を描画する。そして、課題を行っているときに活動量が多く安静時に活動が少なかった場所が、その課題に関連する部位であると示唆するのである。これは、安静時には脳活動は穏やかであり、課題時には活発になることや、脳の機能はある特定の部位に局在していることを前提にしている考え方である。

　なお、現在では、安静時であっても脳は活発に活動していること

が知られており、この活動はデフォルトモードネットワークと呼ばれている。そのため、fMRI を用いた研究は解釈が難しくなり、現在では、単純な安静時と課題時の比較ではなく、脳全体の振る舞いを全部計測しておくなどの新しい分析方法が検討されている。

第 4 節　認知心理学の誤謬？

　これまで、認知心理学の考え方や成果について紹介してきたが、すんなり受け入れることができただろうか。ところどころで指摘してきたが、ここでは、著者が考える認知心理学の問題点についてまとめておく。

　まず 1 つ目は、メタファーである。初期の認知心理学は、人を情報システムと見なすことで仮説を立てて検証しており、この時代の理論やモデルは発展しながら現在でも認知心理学の考え方の基礎を築いている。しかし、人とコンピュータをそのまま対比してまともな結果が得られるわけがないのである。なぜならば、コンピュータは、振る舞いが既知である素子が論理的に組み上げられて機能しているが、人は、神経細胞という生ものが、自己組織的に集まって活動し、それが人の振る舞いや性質を決めているからである。

　そして、現在では、コンピュータメタファーではなく、脳の機能に名前を付けて研究を進めているが、実際の脳や神経細胞の振る舞いから人の性質を説明しているわけではなく、人を外側から見たときに、○○という機能があるとうまく説明ができそうだという○○を、大量に生産しているに過ぎない。見方によっては、火や水で人の性質を説明しようとする哲学と同じように見えてしまう。ただ、火や水が注意や抑制という言葉に代わったに過ぎないという印象は

拭えない。言ってしまえば、フィクションである。

　確かに認知心理学は、実験によって予想とは異なる結果を生み出す条件を見つけることがある。しかし、その解釈は実験ごとに別々に行われ、まったく別の仮説やモデルによって説明される。同じような現象を説明するために様々な理論があり、統一理論は登場しない。

　認知心理学の研究は、仮説演繹法によって進められている。仮説演繹法は、科学的な方法であると言われているが、スキナーは科学的ではないと否定しており、決して誤らない類のものではない。もし、大前提が誤っていた場合には、小前提を検証することもできないし、実験の結果を解釈することもできない。そして、認知心理学における大前提は、コンピュータメタファーをはじめとする様々なメタファーであり、これらのメタファーは必ずしも適切ではない。ほとんどの場合、不適切であると言ってしまってもよいだろう。つまり、認知心理学が積み上げてきた知見は、誤った考えのもとに仮説演繹法によって行われてきたものであって、特異な現象そのものの興味深さは失われないものの、仮説やモデルの類は概ね間違っていることになる。

　心理学の実験法にも問題がないわけではない。よくある実験のパラダイムでは、実験群と統制群を用意し、観測された結果の差を群間の条件の差で説明しようとする。これは、様々な要因が互いに絡み合わない単純な系であれば適用可能だと思われるが、3つ以上の要素が絡んだ場合には解くことが極めて難しくなる。3つ以上の物体が相互作用を及ぼし合うような場合には厳密に解くことができない場合が多く、これは多体問題と呼ばれている。厳密に解けない場合には、マシンパワーを使って、数値計算によって近似解を求められるに過ぎない場合が多いのである。認知心理学では、あるかどう

かも定かではない、互いに影響を及ぼし合う空想上のパーツや機能の名前を用いて、現象の説明をしている。根の深いところで、大きな誤りがあるように思える。

第Ⅱ部　新しい自然主義心理学の基礎 ── 人間のモデル

　子供の頃、貰ったばかりのおもちゃを分解してしまい、元に戻せなくなって泣いた経験があるだろうか。このおもちゃはなぜ走るのか。車輪はいくつあれば走るか。なぜ車輪は回るのか。そんな疑問を解消するために部品を外していき、最後にはそのおもちゃは走らなくなる。分解していけば、いつかは完全に理解できるだろうと思っていたのかもしれない。

　このような「分解していけば理解できるようになる」という思想は還元主義と呼ばれ、20世紀の科学において中心的な思想であった。確かに、分解することで理解が進むことは多い。認知心理学がメタファーとして採用しているコンピュータは、還元主義的に理解できるものの代表例と言えよう。コンピュータの一種であるパソコンは、文字や図表を表示するモニターや、パソコンへの入力を可能にするキーボードやマウス、そしてパソコンの本体に分けられる。パソコンの本体を分解すれば、入れ物である筐体に、電源装置、そしてハードディスクやDVD等のインタフェース、そしてマザーボードに分けられるだろう。また、マザーボードを詳しく見ていくと、メモリが刺さっていたり、様々な電子部品が繋がっていたりす

る。キーボードも分解を続ければいつかは非常に単純な部品に分けられ、マザーボードに刺さったメモリもいつかは半導体素子にまで分解できるだろう。パソコンはなぜ記録できるのかと聞かれれば、ハードディスクに記録する機能があるからであると答えることができ、なぜハードディスクに記録する機能があるのかを聞かれれば、ハードディスクの磁性体がSやNになるために記録できると答えることができる。

　しかし還元主義的な考え方はいつでも有効に働くわけではない。株価の変動を例に挙げてみよう。株価の変動を生み出しているのは、株取引を行う1人1人のディーラーである。そのため、還元主義に則るならば、ディーラーの1人1人を理解すれば株価の変動を理解できることになる。しかし、株価の変動を作り出しているのは、各ディーラーの「取引」という相互作用であるため、ディーラーを1人1人に分解してしまうと、株取引という本質が抜け落ちてしまうのである。社会を構成しているのが1人1人の人間であるからといって、構成員の1人をくまなく調べてみても社会の性質を知ることはできないであろう。

　人間について考えてみよう。「視覚」という機能を例に挙げると、視覚は後頭葉の視覚野が重要な役割を果たしていると考えられている。還元主義的に考えるならば、視覚を理解するためには、視覚野を切除して、この視覚野だけを使って「見え方」を調べることになる。しかし、実際に視覚野を切除してしまったならば、切除された部位は死んでしまい、視覚を調べることはできなくなるだろう。被験者自体が死んでしまうことも十分ありえる。人の視覚を実現するためには、視覚野だけではなく、目や他の脳部位、場合によっては他の感覚を作っている部位も関係していることだろう。「後頭葉は視覚において重要な役割を担っている」という表現は間違いではな

いが、「視覚は後頭葉が作る」という表現は確実に間違っているのである。

　3つ以上の構成要素が互いに影響を与え合って活動しているような対象を扱う問題は多体問題と呼ばれ、厳密な解を得られないことが知られている。社会現象を例に挙げてみよう。仮に A 氏と B 氏が互いに影響を与え合い、B 氏と C 氏が互いに影響を与え合い、C 氏と A 氏が互いに影響を与え合う場合を考えると、この3人が引き起こしたなんらかの結果に対して、原因を論理的に説明することが極めて難しくなるのである。

　認知心理学が還元主義的なアプローチをしている実例として、ワーキングメモリの説明を挙げて見よう。人には記憶という不思議な機能があり、この機能は分解すると、長期記憶と短期記憶に分けられる。短期記憶の一部は操作や計算も担えるため、ワーキングメモリと名付けることにする。そして、ワーキングメモリは視空間スケッチパッドと音韻ループと実行機能に分けることができ、さらに実行機能は、情報の更新、課題ルールのシフト、そして、共通実行機能（common executive function）に分けられる。認知心理学では人の機能を細かく分解していくが、結局のところ心の核のようなものに辿り着けていないようである。

　新しい自然主義心理学では、全体主義的なものの捉え方をする。つまり、分解して理解しようとするスタンスはとらず、複雑なものは複雑なまま理解しようとするのである。したがって、脳の部位と機能を関連付けるようなことはしないし、あくまで頭の中で起こっていると考えられる現象によって心理学的な事象に説明を与えていく。

　前置きが長くなってしまったが、そろそろ新しい自然主義心理学を紹介していこう。

第 3 章　神経活動が従う自然法則

　自然法則と聞いたとき、どのような法則を思い浮かべるだろうか。高校物理の苦い思い出とともに力学の運動方程式を思い浮かべた人がいるかもしれないし、遺伝に関するメンデルの法則を思い浮かべた人もいるかもしれない。しかし、本章で扱う自然法則は複雑な数式を要するような法則でも、暗記しなければならない法則でもなく、紙と鉛筆とサイコロさえあれば小学生でも再現して確認できる程度の自然法則である。想像力が豊な人は頭の中に三次元空間を用意して想像を巡らせれば理解が深まり、想像力に自信がない人は実際に手を動かして、現象そのものを体験してみるとよいだろう。

第 1 節　自己組織化臨界現象

　自然界のみならず、人間社会においても自己組織化臨界現象と呼ばれる不可思議な現象が観測されている。自己組織化臨界現象について、自己組織化と臨界現象に分けて説明した上で、自己組織化臨界現象の例を示そう。

第 1 項　自己組織化

　自己組織化とは、外部からの操作がなくても、自発的に秩序が形

成されることである。ニューラルネットワークについて学んだこと
がある人であれば、コホネンの自己組織化マップを思い出すであろ
う。

　自己組織化マップは、入力層と出力層のみを持つニューラルネッ
トワークの一種で、入力層に属するノードは、出力層にあるすべて
のノードに繋がっており、入力ノードと出力ノードの接続にはそれ
ぞれ値が割り振られている（図3）。ある出力ノードを中心に考え
ると、この出力ノードはすべての入力ノードと繋がり、各繋がりに
対して値が割り振られていることになる。最も単純なアルゴリズム
によれば、あるパターンの入力があったときに、すべての出力ノー
ドに対して、入力ノードとその入力ノードとの繋がりに割り当て
られた値の差について二乗和をとり、この値が一番小さかった出力
ノードをチャンピオンノードに選定する。そして、チャンピオン
ノードと入力ノードの間の繋がりを、入力されたパターンの値に近
づけ、チャンピオンノードの周囲にある出力ノードについても少し
だけ入力パターンに近づけることにする。この操作は、入力パター
ンに対して、ユークリッド距離が一番近い出力ノードを選択し、そ
の出力ノードの持っているパターンを入力に近づけることに相当し

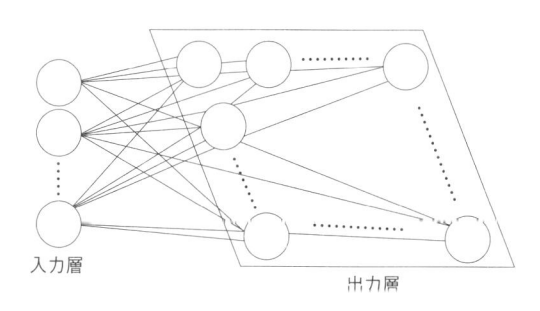

入力層

出力層

図3　自己組織化マップ

ている。このように、入力パターンに対して出力ノードを選択し、繋がりの強さを変えていく操作を繰り返し行うと、出力層のノードに秩序が現れてくる。たとえば、隣接する出力ノードが持っている繋がりの値のパターンは似ているという秩序である。動物の特徴を入力パターンに選んだ場合、虎に対応する出力ノードと、ライオンに対応する出力ノードは近接することになるだろう。

　自己組織化の別の例として、雪の結晶が挙げられる。雪の結晶は、誰かがピンセットで1つ1つ分子を配置して綺麗な模様を構成しているのではなく、水の分子が勝手に集まって綺麗な結晶構造を作り上げているのである。理科の実験で作られるミョウバンやホウ酸の結晶も、自己組織化の結果である。

第2項　臨界現象

　次に、臨界現象について説明する。臨界と聞けば、原子力発電の臨界を思い浮かべる人が多いだろう。

　厳密さには欠けるが、非常に単純化して説明してみよう。原子力発電という舞台の主役は核分裂を起こす物質である。その物質は、中性子という非常に小さい粒子がぶつかると、壊れて核分裂を起こし、新たに中性子を2つ放出する。そして、放出された中性子が他の核分裂を起こす物質にぶつかると、もう一度核分裂を引き起こす。もし、中性子が核分裂する物質に出会うことなく他の物質に吸収されたり、外へ飛び出たりすれば核分裂は止まり、収束していくことになる。一方、中性子が核分裂する物質に必ずぶつかるような場合には、核分裂と中性子の放出が連鎖して、際限なく核分裂が起こることになる。これは臨界を超えてしまった核爆発に近い状況であろう。臨界とは、収束と爆発のちょうど狭間のところで、核分裂は止

まることもなく、爆発することもなく続いていくのである。臨界状態では、1つの核分裂が引き起こす他の核分裂の数はベキ乗則に従うことになる。

第3項　自己組織化臨界現象の例

　それでは、本題の自己組織化臨界現象について説明する。自己組織化臨界現象とは、外部からの操作がなくても自発的に秩序が形成され、その秩序が臨界である現象である。抽象的な説明だけではわかりづらいので、自己組織化臨界現象の具体的な例を挙げて見よう。

　1つ目の例は地震である。プレートテクトロニクスという説によれば、地球は、核、マントル、地殻からなり、マントルの上部と地殻からなるプレートは、地球の内部で対流しているマントルの上に乗っており、少しずつ動いている。そして、プレート同士がぶつかり合っているところでは、非常に強い力が働いており、プレートがこの力に耐えられずにずれたり、壊れたりする。ほとんどの場合、ずれたり壊れたりする部分は非常に小さく、小規模の地震を起こすに留まるが、ごく稀に大規模なずれや崩壊を起こして、大地震に至るのである。地震のマグニチュードと頻度の関係は、片対数グラフ上で直線に乗ることが知られており、この法則はグーテンベルグ・リヒター則と呼ばれているが、地震のマグニチュードはエネルギーの対数をとったものと比例するため、地震のエネルギーと頻度の間にはベキ乗則が現れる。地震は、誰かの手によって秩序立てられたものではなく、マントルの対流という自然界の活動によって自己組織化され、原子力の臨界のような規模と頻度の関係を有する。

　森林火災の頻度と規模の間にもベキ乗則が見られ、自己組織化臨界現象であると考えられている。森林火災のメカニズムについて説

明してみよう。木は時間とともに成長し、木と木の間隔が狭い場合には風が吹いたときなどに葉と葉や枝同士がこすれ合う。もし、湿気の多い季節であれば何も起こらないが、たまたま乾燥しているときに葉や枝がこすれ合うと出火することがある。多くの場合には局所的な出火で済むが、ごく稀に火が次々と燃え広がり、山火事のような状況になる場合もある。火事が起これば、燃えた部分から木がなくなるが、また数年、数十年という年月をかけて、新たな木が育っていく。そして、木と木の間隔が狭くなり、乾燥した日に強い風が吹くと、稀に森林火災が起きるのである。森林火災についても、頻度と規模の関係がベキ乗則になるように人の手で木を植えたりしているわけではないにもかかわらず、森林火災が起きた際に、ベキ乗則が現れるような状況が自己組織化され、臨界状態に至るのである。

　ベキ乗則は、人の営みの中にも現れる。たとえば、出現の頻度が k 番目に大きい単語が全体に占める割合が $1/k$ に比例するという経験則はジップ則と呼ばれ、この分布もベキ乗則に従うため、自己組織化臨界現象であると考えられている。その他にも、収入の分布もベキ乗則に従うことが、パレートの法則として知られており、株価の変動の分布にもベキ乗則が現れる。株価の変動がベキ乗則に従うことが、経済学者が経営陣として名を連ねるヘッジファンドを破綻させた例を紹介しよう。

　原資産の価格変化率の分布が対数正規分布に従う等の仮定を置いてオプションの理論価格を導出するブラック－ショールズ方程式の起草者であるマイロン・ショールズと、同方程式を理論的に完成させたロバート・マートンは、1998年にノーベル経済学賞を受賞している。彼らはその理論を用いてヘッジファンドを経営するが、ノーベル賞を受賞した翌年には巨額の損失を出して同会社を破綻さ

せた。この原因は、実際にはベキ分布であった価格の変化率を計算のしやすさから対数正規分布としていたことにある。ベキ分布は対数正規分布に比べて分布の裾が広く、対数正規分布では株価の大暴騰や大暴落を表現できなかったためである。

　今では、経済学の扱う現象に対して物理学の考えを応用した経済物理学という学問があり、株価の変動がベキ分布に従うことはエージェントモデルを用いることで再現できる。株価の変動を再現するエージェントモデルについて簡単な例を紹介すると、まず、ディーラーと呼ばれるエージェントをコンピュータシミュレーション上に多数用意し、各ディーラーの振る舞いを定義しておく。たとえば、安く買って高く売りたいという振る舞いである。この場合、商材を持っているディーラーの販売価格よりも、持っていないディーラーの買取り価格が高ければ取引が成立し、取引が成立しなければ商材を持っているディーラーは販売価格を下げ、持っていないディーラーは買取り価格を上げる。このような挙動を数千、数万のディーラーにとらせると、全体として価格の変化率がベキ分布になるのである。

　このように、自己組織化臨界現象は、自然界、人間の営みを問わず、普遍的に存在する自然法則である。そして、自己組織化臨界現象は、頭の中でも起こっている。

第2節　頭の中の自己組織化臨界現象

　頭の中の自己組織化臨界現象について説明する前に、脳の構成について触れておこう。脳は、大脳、脳幹、小脳に分けることができ、大脳は大脳半球と間脳に分けることができる。大脳半球は、右大脳

半球と左大脳半球の2つがあり、これらは1つの間脳に繋がっている。大脳半球の表面には大脳皮質という神経細胞のシートのようなものがあり、知覚や記憶、思考、推論のような心理学が扱う高次認知機能はこの部分が司ると考えられている。大脳の表面に広がる大脳皮質の前側は、前頭葉、頭頂のあたりは頭頂葉、側面側は側頭葉、後ろ側は後頭葉と名付けられているが、大脳皮質は広げてしまえば新聞紙程度の1枚のシートになる。人の脳には約860億個の神経細胞があり、このうち19%が大脳皮質を形成している。

　神経細胞は、入力刺激を受けると、その刺激が閾値を超えた場合に発火を起こし、他の神経細胞に刺激を与える。さらに、刺激を受けた神経細胞において刺激が閾値を超えると、その神経細胞も発火を起こして、他の神経細胞に刺激を与える。つまり、複数の神経細胞は、互いに影響を与え合っている。

　神経科学の分野で、神経活動に関する興味深い報告がある。培養された神経細胞や皮質のスライス上で起こる神経細胞における連続発火のサイズと頻度の関係を調べると、ベキ乗則に従うというのである。ベッグスらは、この現象を神経雪崩と名付けている。この研究が意味するところは、われわれの頭の中では自己組織化臨界現象の性質を持った神経活動が繰り広げられているということである。非常に多くの神経細胞は互いに影響を及ぼし合って活動しており、1つ1つの神経細胞の発火は、それが何か目的を持った活動なのか、それともただのノイズなのか、結果を見なければ見分けることはできないと考えられる。

第1項　頭の中の自己組織化臨界現象のモデル化

　複数の神経細胞が互いに影響を及ぼし合っているような多体系の

解を求めるには、数式を解いて厳密解を求めるアプローチではなく、株価変動を再現したエージェントシミュレーションのように、計算機を用いたシミュレーションによってその性質を再現するアプローチをとる。一般的な心理学実験では、実験参加者や試行を実験群と統制群に分けて、違いを確認したい要因以外の要因についてはどちらの群もできる限り揃えようとする。これは、複数の要因に変化があると、いったい何の効果で実験結果に違いが現れているのか解釈できなくなるからである。つまり、複雑な対象に対して、1つだけ条件が異なる2つの群について比較していくアプローチを採用している。

　それに対してシミュレーションでは、現象を起こしていると考えられる要因をまず1つだけピックアップしてモデルを構築する。一番簡単な例は、おそらく物体の落下現象のモデルであろう。物体にかかる下向きの加速度は、重力の加速度と同じになる。これは、物体の落下に関する最も重要な要素だけを取り出したモデルであり、非常に単純である。実際に鉄球のような重たい物質を落下させた場合、モデル通りの振る舞いを見せてくれることだろう。しかし、落下させる物体によっては、空気抵抗を受けて非常にゆっくり落下する場合もあれば、重力に逆らって飛んで行ってしまう場合さえある。実際の世界を考えるには、重力だけを考慮に入れたモデルでは単純すぎて、あらゆる物質の落下を予測できるわけではないのである。

　だからといって単純なモデルが使い物にならないかといえば、そうではない。一般的な物質、たとえば野球のボールを投げたときの落下運動や、机の上からコップが落ちる運動については概ね記述できるし、空気抵抗等の影響も信じるに足りる基礎となるモデルがあって初めて、解明の対象になりえるのである。神経活動をモデル化する場合にも、このような思想のもと、まずは基礎的で単純な性

質のみをモデルとして記述し、たとえば、各神経細胞の個性のようなものや、細かく見れば異なる振る舞いについても当面は無視することにする。

　神経活動のモデル化を目指したとき、実は基礎に置けるようなモデルがすでに存在する。このモデルは砂山モデルと呼ばれ、自己組織化臨界現象を再現できると考えられている。自己組織化臨界現象に馴染むために、実際に手を動かして、砂山モデルの挙動を確認してみよう。まず、将棋か囲碁の碁盤と、一様乱数を生成できるもの、さらに何か積み上げられるものを大量に用意する。碁盤がなければ、紙に碁盤の目を書き込んだものでもよい。乱数は、碁盤の格子の数（将棋の駒が置ける四角い部屋の数）生成できるものがよく、たとえば、ビンゴ抽選器に碁盤の格子の数だけ玉を入れたものがよいだろう。何か積み上げるものは、何でもよいのだが、仮にコインを使うことにする。コインは碁盤の格子の数×3くらいの数を用意しなければならない。碁盤の格子には、あらかじめ数字を割り振っておく。

　準備ができたら、実際に手を動かしてみよう。ビンゴ抽選器で1つ乱数を生成したら、その値に対応する碁盤の格子に1つコインを配置する。そして、もう一度ビンゴ抽選器で1つ乱数を生成する。そして、また、碁盤の対応する場所に1つコインを積む。この作業を延々と続けていくと、複数のコインが配置されている格子が出てくる。碁盤の格子のように隣接する格子の数が4つの場合には、特定の格子に4つのコインが溜まったときに雪崩を起こすことにする。雪崩が起きる条件が揃ったとき、格子に溜まった4つのコインを取り除き、周囲の4つの格子に1つずつコインを配る。もし、周囲の格子でも4つのコインが溜まってしまったら、同じ操作を行う。気が遠くなるまでこの作業を延々と繰り返していく。この操作を十分に繰り返すと、碁盤の上に自己組織化臨界状態が実現する。準備が

整ったところで、紙とペンを用意しよう。

　ここから、自己組織化臨界現象の性質についてメモをとっていこう。メモをとる内容は３つある。１つ目は雪崩の間隔である。１つの雪崩が終わってから次の雪崩が起きるまでにビンゴ抽選器を使った回数を記録する。２つ目は、雪崩のサイズである。雪崩のサイズは、ビンゴ抽選器で選ばれた格子で雪崩が起きたときに、その雪崩が波及して雪崩を起こした格子の数である。３つ目は雪崩の持続時間である。持続時間は、雪崩が連鎖し続けている時間である。１つ雪崩が起きたら、そこで、持続時間を１と数え、雪崩が起きた周囲の４つの格子が雪崩を起こすか調べる。そこで、雪崩が起きれば持続時間２と数える。その次に周囲の４つの格子で雪崩が起きるか確認し、そこで雪崩が起きれば持続時間３と数える。また、しばらくビンゴ抽選器で数字を選んでコインを積み、雪崩が起きたら、雪崩の間隔とサイズと持続時間についてメモをとり続けよう。

　メモをとり始めてから 100 回、1000 回、本当はもっと多い方がよいのだが、十分に観測をしたら、今度はデータの分析を行おう。雪崩の性質を調べるためには、ヒストグラムを作成する必要がある。まずは雪崩の間隔から分析する。人手で処理をするのは大変なので、表計算ソフトを用いることを勧めるが（シミュレーションもパソコンを用いた方がよいが …）、雪崩の間隔が１だった回数、雪崩の間隔が２だった回数、３だった回数、４だった回数と数えていく。そして、グラフの横軸に雪崩の間隔、そして、縦軸に頻度をとってプロットした場合、雪崩の間隔が指数分布に従うことが確認できる。分布が指数分布に従うことを視覚的に理解するには、片対数グラフを用いるとよい。雪崩の間隔を片対数グラフにプロットすると、右肩下がりの直線になる（図４）。

　ここで、指数分布の持つ意味を説明しておこう。指数分布の意味

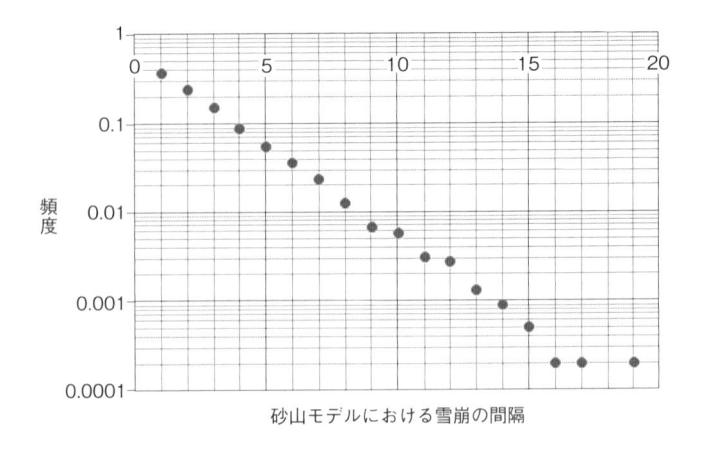

砂山モデルにおける雪崩の間隔

図4　砂山モデル（100 × 100 の平方格子）における雪崩の間隔と頻度

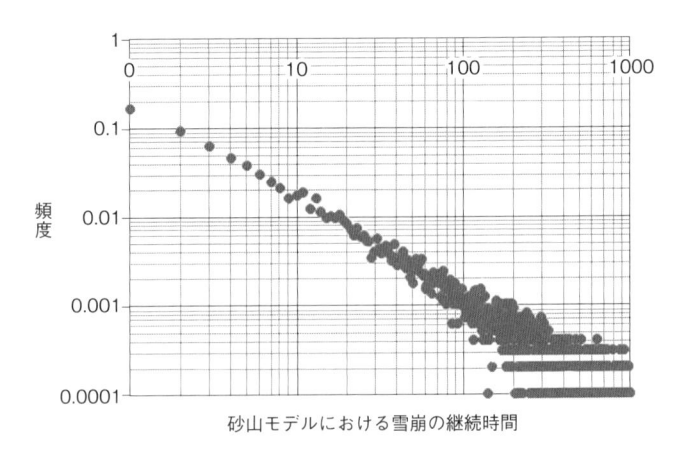

砂山モデルにおける雪崩の継続時間

図5　砂山モデル（100 × 100 の平方格子）における雪崩の持続時間と頻度

するところは、イベントが起こる確率が一定であるということである。次の1秒間の間に90％の確率で崩壊する粒子が1万個あったとしよう。すると1秒後にはおよそ9000の粒子が崩壊し、およそ1000の粒子が残る。次の1秒間では、またおよそ900の粒子が崩壊し、およそ100の粒子が残る。また次の1秒では、およそ90の粒子が崩壊し、およそ10の粒子が残る。さらに次の1秒では、およそ9の粒子が崩壊し、およそ1つの粒子が残る。横軸に時間をとり、縦軸に残っている粒子の数をとったとき、この分布は指数分布になる。

　次に、雪崩の持続時間について分析する。雪崩のサイズは持続時間と同じ性質の分布になるため、まとめて説明する。雪崩の持続時間についてもヒストグラムを作成するために、雪崩の持続時間が1だった数、雪崩の持続時間が2だった数、3だった数、… 100だった数、とすべての雪崩を数え上げる。この分布を描画するには、両対数グラフを用いるとよい。横軸に雪崩の持続時間、縦軸に頻度をとると、雪崩の持続時間と雪崩の持続時間は直線になる。分析によく使われる正規分布は、平均値から離れると急激に頻度が小さくなっていく。それに対してベキ分布は非常に長い裾野を持っており、平均値は意味を持たない。ベキ分布とは、想定外のことが起こる確率が十分に大きいような分布と言えよう。雪崩の持続時間とサイズは、このような性質を持つ（図5）。

第2項　砂山モデルの性質と心理学的現象の対応づけ

　多数の神経細胞の活動を心理学的な現象と直接結び付けることは狂気じみて見えるかもしれない。しかし、知覚や記憶等の心理学が扱う現象は主に大脳皮質の活動によるものだと考えられ、大脳皮質

は、抽象的に見てしまえば、新聞紙くらいのシートにぎっしりと神経細胞が配置されているに過ぎないと考えることもできよう。本書では、大脳の部位と機能の関連については無視することにする。

　まず、砂山モデルで起こる雪崩を、知覚における知覚自体、記憶における想起と対応づける。そうすると、雪崩によって現れた碁盤上の模様は表象に対応することになるだろう。そして、雪崩の間隔は、刺激が到達してから知覚が生じる時間、想起に関する活動が始まってから実際に想起に至る時間に対応させる。次に、雪崩の持続時間を知覚したものが継続している時間（ただし、刺激自体がなくなってからの時間）想起した表象が継続している時間に対応させる。最後に雪崩のサイズを、知覚の強さや想起における確信の強さと対応づけることにする。

　本書では、砂山モデルを大脳半球の皮質のモデルとして扱うが、これは非常に抽象度の高いモデルであることは言うまでもない。そのため、砂山モデルの振る舞いを1対1対応でぴったりと合わせるわけではないのだが、対応づけて考えたい人もいるだろう。砂山モデルでは、雪崩を起こした格子がたった1つであっても雪崩が起きたと判定しているため、これを神経活動に置き換えると、たった1つの神経細胞が発火しただけで、知覚や想起が生じることになってしまう。しかし、たった1つの神経細胞の活動が知覚や表象を生じさせるとは考えづらく、おそらく、頭の中のノイズに紛れてしまうと考えられる。そこで、実際に知覚や表象を生じさせる活動は、「ある程度以上の大きさや持続時間がある神経雪崩に限る」ことにする。もし、小さかった雪崩をデータから取り除いたとしても、雪崩の間隔や雪崩のサイズ、そして雪崩の持続時間の性質に影響はない。

第3項　雪崩の間隔、サイズ、持続時間に影響を与える要因

　無二の親友を思い浮かべるときと話したこともないクラスメイトを思い浮かべるときでは、思い出すまでに要する時間や、どれだけはっきり思い出せるか、また表象を留め続けられる時間は異なるであろう。また、同じ「りんご」を思い浮かべる場合でも、人によって要する時間が違ったり、表象を留め続けられる時間も異なったりする。

　少し横道に逸れるが、「りんご」を思い浮かべるとき、人によって思い浮かべられるものが違うらしい。たとえば、著者は赤いりんごも青いりんごも思い浮かべることができるし、それらのりんごを頭の中で回したり、齧った痕を思い浮かべたりすることもできる。それに対して、りんごの映像も画像もまったく思い浮かべることができない人もいるらしいし、抽象的なりんご、思い出すときはいつも同じりんごを思い出す人もいる。そのため、ここで例に出した「りんごを思い浮かべる」ことは、要する時間や表象を維持する時間のみならず、そもそも思い浮かべられるかどうかという違いさえあるのである。

　さて、本題に戻って、頭の中の何がこれらの時間や性質を決めているのであろうか。本項では、再度、モデルによるアプローチを行い、脳の神経活動について踏み込んでみることにする。

　前項では、最も一般的な平方格子上の砂山モデルを用いて自己組織化臨界現象である神経活動について表現した。ここでは、砂山モデルの条件を変えて、雪崩の間隔やサイズ、持続時間に現れる影響を確認することにする。

　砂山モデルにおいて変更できる条件として考えられるものは、2

つある。1つ目は格子のサイズであり、もう1つは格子の形状である。しかし、自己組織化臨界現象の性質として、ある程度以上の大きさがあれば、格子のサイズによって性質が変わらないことがすでに知られているため、格子形状による違いのみに注目していくことにする。

　先ほどは、碁盤の目のような平方格子を用いて砂山モデルのシミュレーションを行ったが、今回は別の格子形状を用いる。1つ目は、三角格子であり、もう1つは六角格子である（図6、図7）。

　平方格子における砂山モデルの振る舞いを自力で完遂できた人は、もう一度同様の作業をしてみてもよい。ただし、1つの格子に積み上げられる数は、隣接する格子の数にするため、三角格子の場合には3つ、六角格子の場合には6つ溜まったときに、雪崩を起こすものとする。

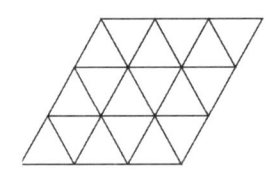

図6　三角格子

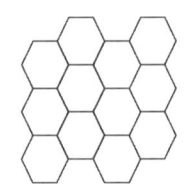

図7　六角格子

　それでは、時間を早回しして、結果を示そう。まず、雪崩の間隔についてである。格子条件によって単位時間に貯められる値に違いが出ていることに気付かれるだろう。三角格子は3単位時間あれば1つの格子が雪崩を起こせるだけの値を貯めることができるのに、平方格子の場合には4単位時間、六角格子の場合には6単位時間なければ、1つの格子が雪崩を起こせるだけの値を積むことができない。分析するに際して、この不平等を是正しなければ議論ができなくなるため、雪崩の間隔を隣接する格子の数で割って正規化することにする。つまり、三角格子の場合には、雪崩の間隔を3で割った値を用い、六角格子の場合には、雪崩の間隔を6で割った値にする。これによって、すべての格子条件において、1単位時間に1つの格子が雪崩を起こせるだけの値を積むことにできる（図8）。

　グラフの横軸は正規化した雪崩の間隔であり、縦軸は頻度である。

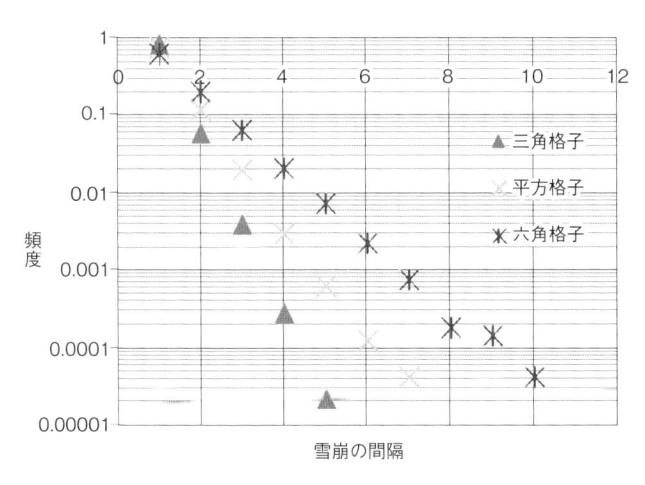

図8　格子形状による雪崩間隔の変化

いずれの格子条件であっても片対数グラフ上で右肩下がりの直線に乗っており、指数分布に従うことがわかる。そして、三角格子は、他の格子条件に比べて雪崩の間隔が短い傾向になり、反対に六角格子は雪崩の間隔が長い傾向にあることがわかる。

　次に雪崩の持続時間について示す。先にも述べたとおり、雪崩のサイズは持続時間と同じ傾向が見られたため、まとめて説明することにする。グラフの横軸は雪崩の持続時間を表し、縦軸は雪崩の頻度を表している。グラフの形状を見ると、三角格子と平方格子は概ねベキ分布になっており、六角格子はベキ分布になっていないように見える。そして、雪崩の持続時間の長さを格子条件ごとに比べると、三角格子は他の格子条件に比べて雪崩の持続時間が長いものが多く、六角格子の場合には雪崩の持続時間が短いものが多い。そして、三角格子や平方格子では見られていた、大きい雪崩が起きなくなっていることもわかる（図9）。

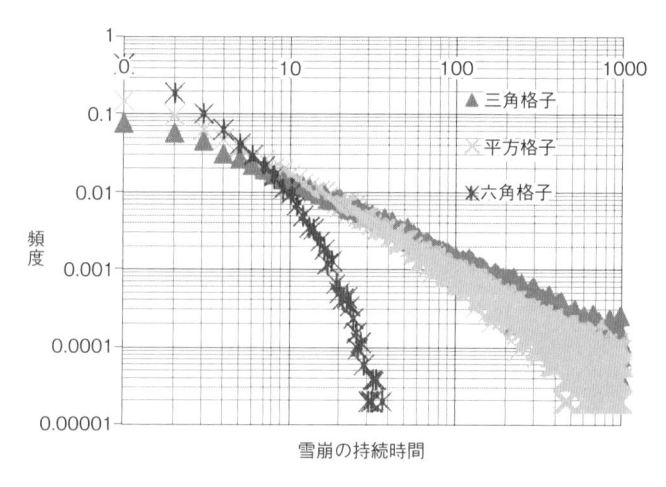

図9　格子形状による雪崩の持続時間変化

　さて、第2項では、砂山モデルの性質と心理学的な性質の関連付けを行った。これによれば、雪崩の間隔は、刺激が到達してから知覚が生じる時間や、想起に関する活動が始まってから実際に想起に至る時間と対応づけ、雪崩の持続時間は知覚したものが継続している時間や想起した表象が継続している時間と関連付け、そして、雪崩のサイズは、知覚の強さや確信の強さと対応させることにしている。そのため、新しい自然主義心理学においては、認知心理学には課せられていない制約条件を負うことになる。すなわち、三角格子のような疎な状態では、雪崩の間隔が短く、雪崩の持続時間やサイズが大きい傾向になる。そのため、早く知覚し、想起に時間を要しない傾向にある人は、知覚や表象が長く持続し、刺激を強く感じたり強い確信を持ったりしやすいことになり、想起に時間を要しない対象はその表象を長く持続させられることになる。反対に六角格子のような密な状態では、雪崩の間隔が長く、雪崩の持続時間やサイズが小さい傾向になる。そのため、遅く知覚し、想起に時間を要する傾向にある人は、知覚や表象が早く消失し、刺激を弱く感じ、確信を持てないことになり、想起に時間を要する対象は表象を長く持続できないことになる。

第3節　砂山モデル Q&A

　第3章では、人間が従う自然法則として、自己組織化臨界現象について紹介し、砂山モデルのシミュレーションを通じて多数の神経細胞が寄り集まったときの振る舞いについて記述した。さらに、砂山モデルの格子形状を変化させることによって，神経細胞が疎に繋がっている場合と、密に繋がっている場合の振る舞いの違いを記述

した。本項では、いくつか考えられる質問や指摘に対して答えておくことにする。

Q　二次元の格子を使ってシミュレーションを行っているが、脳は三次元ではないか？

A　心理学が扱っているような高次認知機能は大脳皮質が重要な役割を果たしていると考えられており、大脳皮質は広げれば新聞紙程度の大きさのシート状になる。このシートも厳密に言えばいくつかの層から成っているため、脳を完全に再現するモデルを指向するのであれば、層構造まで考慮に入れたモデルで考えなければならないだろう。しかし、モデル化を行うときは、まず単純なモデルを作って試してみて、うまくいかなかった場合に初めて複雑にしていくアプローチをとるのが肝要である。なぜならば、複雑なモデルを作ってしまうと、何が作用して結果に違いが出ているのか、切り分けることができないからである。

Q　格子の条件を三角格子、平方格子、六角格子に限定しているのも、単純なモデルを指向するためか？

A　そのとおり。厳密に言えば、神経細胞の繋がりの多さは3や6では全然足りない上に、神経細胞の繋がりは複雑ネットワークになっていると考えられている。しかし、複雑なネットワークを組んでシミュレーションをしてしまうと、結果に変化が出た要因をすっきりと説明することが難しくなってしまう。そこで、一様な格子を形成できる三角格子、平方格子、六角格子に絞って、神経細胞の疎密による違いを表現しようとしている。大脳皮質にある160億もの神経細胞が全部均一に繋がっているのではなく、ある部分は非常に疎にできていて、またある部分は密にできているだろうと思いを馳

せると、このモデルのいい意味での「危なさ」を感じられるだろう。たとえば、学習を積むと、想起に時間を要しなくなり、確信をもってしっかりと表象を維持できるようになることは誰しも経験していることだと思われるが、このモデルにおける学習とは、六角格子から三角格子に格子形状が変化することに対応し、これはもしかすると、「シナプス刈り込み」に関係するのではないかと考えられる。推論を進めると、使わないシナプスが刈り込まれるのではなく、学習によって、表象に関わっていたシナプスが刈り込まれていることになる。

Q　このモデルは大脳のモデルですか？

A　大脳のモデルであると言ったら、多方面から石を投げつけられることになるだろう。現状の心理学や脳科学では、右大脳半球、左大脳半球という分け方ではなく、前頭葉や頭頂葉、後頭葉などの脳の部位と機能の関係に注目して、研究を進めているように思えるが、脳は神経の多体問題であると捉える著者にとってはいささか納得がいかないのも事実である。「脳の機能を分解して調べることができるのか」という問いに対して未だ明確な答えは出ておらず、「脳の機能を分解して調べられる」ことを前提にして進められているプロジェクトも多くある。たとえば、脳の機能をモジュールとして調べ上げて、これを統合して人工知能を作ろうという試みが挙げられる。ここで著者が危惧するのは、機能の「統合」をどうやって実装するのかである。これは、人で言うところのワーキングメモリ、または実行機能、または、共通実行機能が担うことになると思われるが、認知心理学では、対象を分解してその破片に名前を付けることはできても、中心的な役割を果たす、「実行機能」の解明には至らないのではないかと考えているためである。

提案するモデルはおもちゃのような非常にシンプルな作りであるが、あえてこのモデルを大脳のモデルであると言うことにする。賛同であれ批判であれ、研究に新たな視点と風を吹き込ませられればよいと考えており、本書の内容を批判する研究が多くなされることを切に望むものである。

第4章　2つの大脳半球とその関係

　大脳を構成する2つの大脳半球は、1つの間脳に繋がっている。大脳は、知覚や記憶などの高次認知機能を司っていると考えられているが、大脳半球は2つあるのである。それでは、どちらの大脳半球がわれわれの高次認知機能を担当しているのであろうか。両方であるならば、役割分担はどのようなメカニズムによってなされているのであろうか。現在の心理学ではこのような問題の解明にまで至っていないように思えるが、本書では、大脳半球同士の関わり合いに関するメカニズムに対して、非常に単純な仮定を置くことにする。

第1節　分離脳

　かつて、てんかんという疾患に対して、脳梁を切断するという手術が行われることがあった。日本神経学会のてんかん治療ガイドライン 2010 には、『てんかんとは慢性の脳の病気で、大脳の神経細胞が過剰に興奮するために脳の症状（発作）が反復性（2回以上）に起こるものである。発作は突然起こり、普通と異なる身体症状や意識、運動および感覚の変化が生じる。明らかな痙攣があればてんかんの可能性は高い』と記載されている。てんかんを引き起こす部位は焦点と呼ばれ、左右の大脳半球の対照的なところに位置している。

そして、どちらかの焦点で活動が乱れると、脳梁を伝わって反対側に伝わり、このプロセスの繰り返しで発作になると考えられていた。そこで、左右の大脳半球の連絡を遮断すれば発作が防げるという思想の元に脳梁を切断する手術が行われ、実際に発作は妨げられることが確認されている。

　脳梁を切断し、右半球と左半球が分離した患者は分離脳患者と呼ばれ、心が2つに分かれたと解釈できるような現象が観測されている。ある分離脳患者は、大人になったときになりたい職業を質問されたときに、右大脳半球は「カーレーサー」と答え、左大脳半球は「製図者」と答えた。また別の分離脳患者は、過去にいじめられた体験に対して質問され、左大脳半球は「気にしていない」と答え、右大脳半球は「まだ怒っている」と真反対の回答をしている。別の分離脳患者は、身体の左半分が妻を叩こうとするのに対して、右半分が左半分の行動を抑えつけようとするという、非常に混乱した状況にあったという。

　また、分離脳患者に右視野と左視野に異なる画像を見せる実験によって、非常に興味深い結果が報告されている。2つの事例を紹介しよう。

　ガザニガ（Michael S. Gazzaniga, 1939）は、分離脳患者の左半球にハンマーの画像が見えるように、そして右半球にはのこぎりの画像が見えるように提示し、見えているものについて分離脳患者に尋ねた。すると、分離脳患者はハンマーが見えたと回答した。時間をあけて、今度は目を閉じて左手で絵を描くように促すと、分離脳患者はのこぎりを描いた。ガザニガが分離脳患者に何を描いたのか尋ねると、困惑しながらのこぎりだと答え、なぜのこぎりを描いたのかは答えることができなかった。これは、言語野を持つ左半球はハンマーの画像を見ているため、何を見たのか質問されるとハンマー

と答えることができるが、右半球はのこぎりを見ていたために、目を閉じて右半球が支配する左手で見たものを描いた場合には、のこぎりを描いているのである。

　もう1つの実験では、ガザニガは左半球にニワトリの足を見せて、右半球に積もった雪を見せた。また同様に目を閉じて左手で見たものを描くように指示すると、その分離脳患者は、雪かき用のシャベルを描き、ガザニガがなぜシャベルを描いたのかと尋ねると、ニワトリ小屋を掃除するにはシャベルが必要だと答えた。これは、まったく説明にはなっていないが、左半球は常に因果関係を推測して、事象の意味を理解しようとしていると解釈されている。

　健常な人の右大脳半球と左大脳半球の関わり合い方については、まだ未解明なことが多いが、これらの研究から脳梁を切断された場合には、右大脳半球だけでも左大脳半球だけでも質問に答えられることがわかる。

第2節　仮説：左右大脳半球の役割分担のメカニズム

　本節で示す仮説は、同じ機能を実現できる左右の大脳半球がどのようにして役割分担を行うのかについてである。2つの大脳半球の関わり合い方については、多数の神経細胞の振る舞いのような多体問題は生じないため、認知心理学に倣ってコンピュータになぞらえてみよう。

　コンピュータやシステムの信頼性向上手法に、デュアルシステム（dual system）がある。これは、まったく同じ処理装置を2つ並列に接続して、タスクが与えられると、2つの処理装置は同時に処理を行って、それらの結果を比較し、同じであれば記録装置に書き込

むフェーズに移る。仮に片方の処理装置に障害が起きても、もう片方の処理装置で同じ処理を行っているために業務が滞ることはない。デュアルシステムは信頼性が求められる様々なシステムで採用されている。

　本書では、左大脳半球と右大脳半球はデュアルシステムのように、課題が与えられると、それぞれが独立して処理を進め、最後に統合なり競合なりが起こり、心理学的な現象である記憶の想起や知覚、判断に至るという仮説を提案する。この仮説はおそらく直観に合わないことだろう。右大脳半球も左大脳半球も密接に情報をやり取りしながら一体となって処理を行うと考えるのが多数派なのであろう。心の底からこの仮説を信じろというつもりはないが、この仮説を前提としたときに、心理学的な現象に対してどのような説明が可能であるのか考えてみてもよいのではないだろうか。もし、この仮説が、従来の心理学よりも多くの現象に対して単純な説明を与えられることが示されたとき、もう一度、この仮説の意義について考えていただきたい。

　何か判断を行うとき、右大脳半球が下した判断と左大脳半球が下した判断のどちらが採用されるのかについても、決めておくことにする。新しい自然主義心理学では、右大脳半球と左大脳半球のうち、先に処理を終えた大脳半球の判断が採用されることにし、もう片側の半球は処理を中断させられることにする。どのようなメカニズムでこの中断が起こるのかはオープンな状態にしておくが、どうしても脳と関連付けて考えたい場合には、片側の大脳半球で処理が終わると、興奮性の刺激が脳梁を通じて反対側の大脳半球にある抑制性の神経細胞に伝わり、活動を抑制するとでも考えればよいだろう（真偽は未確認だが）。

　では、実際に行動に移るタイミングはどのようにしようか。新し

い自然主義心理学では、片側の大脳半球で処理を終えたときではなく、もう片側の大脳半球における処理の中断が確定したときに、行動に移るものとする。もしかしたら、生物が生き残る上で不利なメカニズムではないかという疑問を持たれる読者がいるかもしれないので、1つ小話を載せておく。

　もし、片側の大脳半球で判断が確定した時点で行動に移ると考えた場合に、どういう事態が起こるのか考えてみよう。ある日、森の中で熊に出会ったとき、右大脳半球と左大脳半球はそれぞれどのように対処すればよいのか、それぞれ独立に思案したとする。そして、右大脳半球は逃げる判断を下し、それと同時に熊に背を向けて走り出そうとしたとしよう。次の瞬間に左大脳半球が戦う判断を下したとき、その人はどのような振る舞いをすることになるだろうか。翻って熊に向かっていくのだろうか。それとも、逃げるのか、戦うのか、右往左往することになるのであろうか。

　反対に本書が仮定しているメカニズムで動いた場合を考えてみよう。ある日、森の中で熊に出会ったとき、右大脳半球と左大脳半球はそれぞれどのように対処すればよいのか、それぞれ独立に思案し、左大脳半球が戦う判断を下し、右大脳半球の処理を中断させる。すると、右大脳半球の処理が中断されるまでの時間は動けないものの、行動としては熊と戦うという一貫性を持つことになる。

　そうすると、どちらの大脳半球が先に判断を下すのか興味を持たれることだろう。この点については、第Ⅲ部第5章において説明することにする。

第Ⅲ部　新しい自然主義心理学に基づく現象の解釈

　自然法則に従う人間モデルを端的に表現すると、第3章で示した砂山モデルを、第4章で示したメカニズムで並列に繋いだだけのモデルである。仮に二重砂山モデルと名付けることにしよう。二重砂山モデルの振る舞いについては、第3章および第4章において説明済みである。そこで、ここでは簡単におさらいをしておこう。

　判断を例に、二重砂山モデルの振る舞いを記述する。まず、なんらかの刺激が提示されると、2つの砂山モデルは格子の形状を決定する工程に移る。大脳皮質で言うならば、どの領域を使うのかを選択する工程と言えるかもしれないが、とにかく疎なネットワークで対応するのか、密なネットワークで対応するのかが決まる。右大脳半球と左大脳半球で課題ごとに得意なものや苦手なものがあってもよく、ある課題に対する右大脳半球は三角格子的で、左大脳半球は六角格子的であってもいい。

　格子の形状が決まると、決められた格子の上で砂山モデルのシミュレーションが2つ同時に行われる。判断に至るまでの時間は雪崩の間隔と対応づけているため，疎なネットワークで対応する大脳半球では処理が早く終わる場合が多く、密なネットワークで対応す

る大脳半球では処理が遅く終わる場合が多くなるだろう。

　ただし、1つ注意しておくことがある。それは、疎なネットワークで対応する大脳半球が密なネットワークで対応する大脳半球よりも必ずしも先に処理を終えるわけではない点である。雪崩間隔の格子形状依存性に関するグラフ（図8、51ページ）を見るとわかるとおり、六角格子であっても1単位時間後に雪崩を起こしている場合もあれば、三角格子であっても雪崩を起こすのに3単位時間を要している場合もあるのである。どちらの大脳半球が先に処理を終え、判断が優先されるのかについては決定論的に決まるものではなく、あくまで確率によって決められるものになる。

　想起についても、振る舞いを記述しておく。なんらかの刺激が提示されると、その刺激が課題と関係があるにしろ、そうでないにしろ、その刺激に応じて2つの砂山モデルの格子形状が決定される。格子形状が決められるということは、想起できる対象の幅が決められてしまうことになるため、環境や文脈に沿わない対象は想起されづらくなることだろう。格子形状が決まると、2つの砂山モデルは同時に砂を積み上げ始め、どちらかの大脳半球で雪崩が起きれば、もう片側の大脳半球で起こそうとしている雪崩を中断させて、想起の対象を確定させる。雪崩のサイズが大きければ、確信を持って想起され、雪崩の持続時間が長ければ長時間その表象は維持されることになるだろう。

　新しい自然主義心理学では、この二重砂山モデルさえ押さえておけば、かなり多くの主要な現象を説明できるようになる。細かい現象については、心理学ではなく、神経科学や症例を基にモデルに、制約条件を加えて説明していくことにしよう。

　ここでは、新しい自然主義心理学に基づく現象の解釈を中心に、新しい自然主義心理学と認知心理学の比較を行う。新しい自然主義

心理学は、主に2つの要素によって成り立っている。1つ目は、砂山モデルの振る舞いであり、もう1つは砂山が2つあることである。砂山モデルにおける砂山は大脳皮質の代わりであり、2つあることは大脳半球が左右の2つあることに対応している。まず、砂山モデルの振る舞いによって生じる現象を説明し、続いて、2つあることによって生じる現象について説明する。

第5章　砂山モデルの振る舞いで説明できる現象

　われわれの心理的な活動は、およそ脳や神経の活動によるものであろう。まず、第1節では、自然法則に従う人間のモデルである二重砂山モデルを用いて、神経活動に関する先行研究を説明する。

　二重砂山モデルでは、なんらかの刺激が入ってくるとまず、砂山モデルの格子形状を決定する過程に入る。この過程を用いて第2節に「閾下知覚」の説明を行う。

　次に、二重砂山モデルにおいて、1つ目の刺激に応答し、次の刺激が提示された場合について考察することで、いくつかの現象について説明を与える。プライミングについて第3節、アンカー効果について第4節、アインシュテルング効果について第5節で扱う。

　われわれの生活は刺激と処理の連続である。そのため、今の刺激に対応するためには常に少し前の時間に扱った刺激の影響を受けることになる。この影響に絡めて、第6節に符号化特殊性原理、そして第7節にクロスモーダルについて述べる。

　そして、経験したこともないにもかかわらず、経験したことがあるかのように思い出される虚偽記憶について第8節に述べ、最後に心理学の中で最も重要な話題の1つである、注意について第9節に述べることにする。

第1節　神経活動と砂山モデル

　本節では、2つの神経活動を砂山モデルの振る舞いによって説明してみる。1つ目は、反応時間と視覚誘発電位の関係であり、2つ目は記銘と神経活動の関係である。

第1項　反応時間と視覚誘発電位

　本項では、反応時間と視覚誘発電位の関係について砂山モデルの振る舞いを基に説明していく。視覚誘発電位とは、視覚に対する刺激によって大脳皮質の視覚野に起こる電位のことである。この視覚誘発電位と反応時間の関係を報告している研究がある。

　ドンチン（Donchin et al., 1966）らによって行われた実験では、フィードバックがある群とない群の2群を用意し、実験参加者に対して光の点滅に反応する課題を行わせて、反応時間と視覚誘発電位を測定した。その結果、反応時間と視覚誘発電位の間に関係が見られ、反応時間が短かった試行の視覚誘発電位は大きいことがわかっている。

　この現象を理解するためには、第3章において三角格子、平方格子、六角格子で行った砂山モデルのシミュレーションを思い出せばよい。周囲にある格子の数が少ない三角格子の場合には、他の格子形状に比べて雪崩が起こる間隔が短く、雪崩の持続時間は長く、大きな雪崩が起きやすい傾向が確認された。反対に、周囲にある格子の数が多い六角格子の場合には、雪崩が起きる間隔が長くなり、持続時間は短く、小さい雪崩しか起きなくなっていた。

それでは、視覚誘発電位と反応時間が何に対応するのか見ていこう。視覚誘発電位とは、大脳皮質の視覚野に生じる電位である。そして、砂山モデルは大脳皮質のモデル化を目指したものであるため、ここに生じる電位とは、砂山モデルにおける雪崩のサイズや持続時間が対応するであろう。大きな雪崩は多くの神経細胞が発火するため、電位の変化が大きくなり、雪崩の持続時間が長い場合にも、発火の総数が増えるために電位の変化が大きくなるだろう。そして、砂山モデルにおける雪崩の間隔は反応時間に関連している。反応時間の分布については、後に詳説するが、2つの砂山において少なくとも1回ずつ雪崩が起きた時間が反応時間になるため、雪崩の間隔は反応時間の長短を決めるパラメータなのである。

　すると、砂山モデルにおいて、格子形状が三角格子のような疎な状態の場合には、雪崩の間隔が短くなるため、反応時間が短くなり、雪崩の持続時間が延びたり、サイズが大きくなったりするために視覚誘発電位が大きくなると説明できよう。

第2項　忘却と神経活動

　われわれの生活は記銘と忘却の繰り返しである。時には、今何をしようとしていたのかを忘れてしまったり、数日前にした大事な約束を忘れてしまったりするにもかかわらず、数十年前に起こった嫌な出来事や、どうでもよいシーンを鮮明に思い出せたりもする。本項では、認知心理学以前から行われてきた記憶の研究や理論を紹介しつつ、現在では忘却がどのような理由によって生じると考えられているのかについて述べ、砂山モデルの振る舞いによる新しい解釈を加える。

　記憶の保持については、エビングハウス（H. Ebbinghaus, 1850-

1909）の忘却曲線が有名である。エビングハウスは、子音・母音・子音からなる無意味な音節を記憶し、学習してから時間の経過によってどのように忘却が進むのか調べた。その結果、学習直後は急激に忘却していくが、その後は緩やかになっていくことを確認している。

それではなぜ、人は忘れるのだろうか。この問いに対して2つの仮説が提案された。1つ目は、記銘時には、記憶の痕跡が残るが、時間の経過とともにこの痕跡が減衰していくというバートレット（Frederic Charles Bartlett, 1886-1969）の記憶の減衰説であり、もう1つは、時間の経過とともに人は様々な情報に晒されるために、記憶の痕跡同士が互いに干渉して想起されづらくなるというダレンバック（K. M. Dallenbach）とジェンキンス（J. G. Jenkins）の干渉説である。ダレンバックらは、実験の参加者に対して無意味綴りを10個記銘させ、記銘後すぐに寝た場合と起きていた場合の再生率を比較した。その結果、眠った場合には起きていた場合に比べて忘却した数が少ないことがわかった。この結果から、起きていた場合には他の精神活動によって記憶していることが妨害されてしまうために忘却が進むと説明している。

また、この他に、思い出すための手がかりが足りないために検索に失敗すると説明する検索失敗説もあるが、この説に関連する符号化特殊性原理を第6節で詳説するため、ここでは説明を省くことにする。

現在では、忘却の原因は記銘時の失敗であると考えられている。従来の心理学では、あらかじめ実験群と統制群を分けて実験を行うが、この知見を導出した事後記憶パラダイムでは、群分けを実験の後に行う。まず、実験の参加者に単語を記銘してもらい、そのときの脳活動を MRI によって記録する。そして、後の想起テストにお

いて想起できたものと想起できなかったものを群として分けて、記銘時の脳活動と想起の失敗の関係を探るのである。その結果、想起に成功した試行では、左下前頭前野と側頭葉皮質の活動が失敗した試行に比べて大きいことがわかった（Davachi, 2006）。そこで、後に想起できるかどうかは、記銘時の脳活動によるという説明がなされるようになったのである。

　それでは、砂山モデルの振る舞いによってこの現象を説明してみよう。学習について神経細胞や神経細胞を繋ぐシナプスの振る舞いよって説明しようとする仮説に、ヘッブ則がある。ヘッブ則は神経心理学者のヘッブ（Donald Olding Hebb, 1904-1985）によって提唱された仮説で、簡単に言うと、「神経細胞 A の発火が神経細胞 B の発火を起こしたならば、神経細胞 A と神経細胞 B の繋がりは強化される」という説である。学習識別器であるニューラルネットワークの基礎となる思想にもなっている。ヘッブ則を前提に置いてみると、砂山モデルにおける雪崩の持続時間は記憶の強さと関連付けることができるであろう。なぜならば、持続時間が長い雪崩は短い雪崩に比べて、1 つの神経細胞において複数回の発火が起こっている確率が高まり、また 1 つの神経細胞の発火が別の神経細胞の発火を招いていると考えられるためである。すると、後の想起に成功する単語の記銘時には、脳活動が大きくなることは当たり前である。雪崩の持続時間が長いために学習が進むからである。

　すると、忘却曲線は雪崩の持続時間と関連付けて解釈することができる。砂山モデルにおける雪崩の持続時間はベキ分布に従うことをすでに説明したが、忘却曲線を両対数グラフ上にプロットしてみれば、雪崩の持続時間と記憶の持続時間を関連付けられることがわかるだろう。

　砂山モデルを基礎に置くと、記銘時の脳活動が小さいことはすな

わち記銘の失敗とは呼べない。砂山モデルでは、仮に同じ平方格子上であっても、持続時間が短い雪崩も長い雪崩も起きており、そのほとんどは短い雪崩である。これは、われわれの記憶のほとんどは非常に弱く移ろいやすいものであることを意味している。日常生活を思い出してみると、明日の今頃に物事を思い出そうとしたとき、1回思い描くだけで覚えられることは珍しく、ほとんどの場合には数回から数十回覚えようとすることが求められるであろう。反対に10秒後にしようとすることは、ほんの少し思い描くだけでよい。すると、忘却の原因を記銘時の失敗としてしまうのはおよそ間違いになる。砂山モデルでは、記銘時における脳活動の大きさはベキ分布に従うであろうことと、脳活動の大きさに関連して記憶の強さも決められるであろうことのみを言っており、実は、減衰説や干渉説、検索失敗説と共存し得るのである。

　記憶の強さはまちまちである。そのため、時間とともに減衰すると、弱い記憶は想起できなくなる。また、似たような経験をすれば混同を招き、思い出せなくなるのである。

第2節　閾下知覚

　本人が主観的には刺激や情報を受け取っていなくても、その刺激が後の行動や発言に影響を与えることが知られている。このような主観的には知覚できない知覚を閾下知覚と呼び、その後の行動に影響を与えることをサブリミナル効果と呼ぶ。サブリミナル効果は、次のような事例を挙げて紹介されることが多い。

　マーケティング業の男性が、映画のフィルムに「コーラを飲め」や「ポップコーンを食べろ」というメッセージを閾下知覚として繰

り返し挿入した。すると、コーラとポップコーンの売り上げが顕著に増大したという。この実験は、論文として報告されておらず、実際に効果があったのかは定かではないが、閾下知覚を用いてサブリミナル効果を狙った商品等も少なくない。

　認知心理学では、閾下知覚について、注意の二過程説等で説明される。人間の注意は「前注意過程」と「注意過程」に分けられ、前注意過程は無意識的・反射的に行われると言われている。

　なんらかの処理が行われている証拠として、マーセル（A. J. Marcel）の実験が紹介される。この実験では、知覚させようとするプライム語と、妨害刺激を連続で短時間提示し、実験の参加者に対して3つの質問をしている。1つ目は、プライム語があったかなかったか、2つ目は、プライム語と妨害刺激が形態的に似ていたか、3つ目はプライム語と妨害刺激が意味的に似ていたか、である。閾下刺激は知覚できないため、実験参加者はこれらの3つの質問に対して、当てずっぽうで回答していくことになる。

　プライム語があったかなかったかを回答するのが一番やさしく、意味的に類似していたかどうかを回答するのが一番難しいと考えられ、プライム語の提示時間を短くすれば、まず、意味的な類似に関する回答に誤りが増え、あったかなかったかの回答には誤りが少ないと予想される。しかし、この実験では、真逆の結果が出ている。プライム語の提示時間を短くすると、最初に誤りが増えたのは1つ目の質問、プライム語があったかなかったかであり、次いで形態類似、そして最後に意味的な類似であった。

　それでは、閾下知覚について、二重砂山モデルによって説明をしてみよう。二重砂山モデルにおいて、表象とは雪崩によって現れたパターンである。そのため、格子形状を決定する工程では、神経細胞は活動していてもそれが意識に上ることはない。二重砂山モデル

における閾下知覚とは、格子形状を決定する段階を指し示す。砂山モデルにおいて格子形状を決定するメカニズムは未決定のオープンな状態としているが、たとえば、大脳皮質のどの領域で処理を行うのかを決めたりすると考えられる。そうすると、先行刺激を処理することによって、特定領域で雪崩が起きやすくなり、この状態こそがサブリミナル効果を生み出していることになる。

　このように考えると、砂山モデルの振る舞いは、注意の二過程説と非常に似ているように見えるであろう。注意の二過程説では、無意識的な前注意過程と、意識的な後注意過程からなり、前注意過程は砂山モデルの格子形状決定に関する工程、そして、後注意過程は砂山モデルにおける雪崩を起こす工程と対応づけられそうだ。

　ただ一点、注意しておくことがある。それは、砂山モデルにおいては、判断や決定を下すのは、あくまで雪崩自体であって、格子形状決定の工程だけではなんら行動は起こらないのである。たとえば「無意識に手が動いた」と言ったとき、従来の心理学であれば手を動かしたのは前注意過程になるのかもしれないが、砂山モデルを基に考えた場合には、格子形状を決定する工程は「手が動く準備」をしたに過ぎず、実際に手が動くには雪崩が必要なのである。

　それでは、なぜマーセルの実験のようなことが起こるのであろうか。二重砂山モデルでは、大脳半球の部位と機能の関係については何も論じていない。ただ、処理に関連する神経細胞が格子形状を決定するというに留まる。そのため、ある刺激を見たときに、視覚野に相当する部分の格子形状も、意味を扱う部分も、音韻を扱う部分の格子形状も一体として形成されることになる。すると、閾下の刺激が提示された場合には、刺激の見た目に関わるような視覚野に相当する部分についても、意味を扱う部分や音韻を扱う部分の格子形状も形成されるが、未だ雪崩は起きていない状態になる。この状態

は、直接プライミングの先行刺激を処理した状態と非常に似た状態であると考えられ、何かを想起しようとした場合には、すでに出来上がっている格子形状に依存したものが現れやすくなるのである。

すると、刺激があったかなかったかを答えようとした場合には、雪崩が未だ起きておらず何も表象が浮かんでいないため、なかったと答えることになるが、先行刺激と後続刺激が類似していた場合には、後続刺激を処理するときに閾下の刺激によって作られた格子形状を活用できることになる。そのため、後続刺激の知覚のしやすさや雪崩の大きさを用いることで類似していたかどうか答えることができたのではないだろうか。意味的な類似性が形態的な類似性よりも誤りが少なかった理由は、明言できないが、形態的な処理よりも意味的な処理の方が"使い慣れているため"に、意味的な処理の方が優先されやすいのではないかと考えられる。

第3節　プライミング

通勤通学の経路に大きな立て看板があったとする。その看板には日替わりで「ハンバーグ」や「焼き魚」の文字と写真が載せられている。その看板を見たことも忘れたその日の昼下がり、看板を見た人はどのようなメニューを選択するであろうか。もしかしたら「ハンバーグ」や「焼き魚」を選びがちになるかもしれない。

先行刺激の処理によって後続刺激の処理が影響を受けることは、プライミングと呼ばれている。プライミングには、先行刺激と同じものを想起しやすくなる直接プライミングの他に、先行刺激と関連した刺激は処理が速くなる間接プライミングがある。また、先行刺激が後続刺激の処理を遅くする現象は、特別にネガティブプライミ

ングと呼ばれている。直接プライミング、間接プライミング、ネガティブプライミングについて順番に説明する。

第１項　直接プライミング

　本書では、心理学の内容を扱っている。では、次の穴埋め問題を解いてほしい。「○理学」。「○理学」には、たとえば「数理学」や「物理学」が当てはまるが、多くの読者は「心理学」の心を最初に思い浮かべたのではないだろうか。これは、先行刺激として記載した「本書では、心理学の内容を扱っている。」が、後続刺激である「○理学」の○に心を入れさせたのである。このように後続刺激の○に先行刺激と同じものを入れたり、後続刺激に対する反応時間が短くなったりする効果を直接プライミングと呼ぶ。

　プライミングの重要な性質として、後続刺激である「○理学」を見たときに、先行刺激である「心理学」を意識的に思い出してない点である。直接プライミングは、潜在的な過程で起こっていると考えられている。

　直接プライミングを砂山モデルで解釈するとどうなるであろうか。二重砂山モデルにおいて反応時間が短くなる場合を考えると、①格子形状決定時間が短縮される。②格子形状が疎である。③手や指の運動が早くなる。の３パターンしかない。③の手や指の運動は、同じであると考えられるため、考慮に入れなければならないのは①と②だけであろう。砂山モデルの振る舞いによって説明した閾下知覚を思い出してもらいたい。閾下知覚では、先行する閾下の刺激によって格子形状が決定され、後続刺激を処理するときにこの決定済みの格子形状がサブリミナル効果を生み出すと説明した。直接プライミングの場合には、先行刺激が意識に上っているため、砂山にお

いて先行刺激に対応する雪崩が起こっていることになる。しかし、雪崩が起こったところで、それがすなわちすでに出来上がっている格子形状を壊すことにはならないため、この先行刺激によって作られた格子形状を再利用することで直接プライミングが起こるのではないかと考えられる。

　旅行を企画しているときに飛行機事故などのニュースを見てしまうと、想起しやすい飛行機事故が起こる確率を過大に評価してしまい、飛行機事故に遭う確率よりも交通事故に遭う確率の方がはるかに高いにもかかわらず車で行きたくなってしまうような性質は、利用可能性ヒューリスティックと呼ばれる。この利用可能性ヒューリスティックが引き起こされる要因の１つは、直接プライミングのメカニズムによるものではないだろうか。

第２項　間接プライミング

　間接プライミングとは、プライミングのうち、後続刺激が先行刺激と同じでない場合を言う。後続刺激が先行刺激と関連の深い単語だった場合には後続刺激の処理が促進され、反応時間が短くなることが知られている。たとえば、先行刺激に「医者」が提示された場合の方が、先行刺激に「パン」が提示された場合に比べて「看護師」という単語の認知に要する時間が短くなることが知られている。間接プライミングも直接プライミングと同様に、潜在的な過程で起こる現象であると考えられている。

　間接プライミングを説明する理論に、意味ネットワークモデルがあったが、このモデルの後継に活性化拡散モデルがあるため、後者を紹介する。活性化拡散モデルでは、言葉同士の間に意味的距離を導入し、関連の強い言葉同士は近くに配置され、関連の弱いものは

遠くに配置されている。そして、ある言葉が活性化されると、その活性化は言葉同士のネットワークを通じて拡散していくと考える。つまり、「医者」という言葉を処理すると、関連の深い「看護師」に活性化が伝わるために、「看護師」の認知に要する時間が短くなると説明するのである。

　しかし、間接プライミングは言葉の意味だけに起こる現象ではない。音韻においても間接プライミングは存在するのである。そのため、活性化拡散モデルは、当初意味に関するネットワークのみを想定すればよかったが、現在では意味のネットワークに加えて、音韻のネットワークも考えなければならなくなっている。

　間接プライミングについても、砂山モデルの振る舞いによって説明してみよう。砂山モデルによる説明は、直接プライミングに対する説明と同じである。すなわち、格子形状決定時間が短縮されたため、または決定された格子形状が疎であったため、もしくはその両方の効果によって、反応時間が短くなったと説明する。二重砂山モデルでは、雪崩によって発火を起こした神経細胞のパターンを表象と関連付けており、1つの表象は1つの神経細胞によって引き起こされるのではなく、複数の神経細胞によって生じることを想定している。そのためある表象と別の表象とで、同一の神経細胞が関与する可能性を排除しない。そうすると、「医者」を処理したときに形成された格子形状と「看護師」を処理するときに形成される格子形状が大きく重なるようであれば、「看護師」を処理するときの負担は軽減されることになる。また反対に「パン」と「看護師」の表象に対応する格子形状に重複がまったくなければ、「パン」用の格子形状をリセットする作業と「看護師」用の格子形状をセットする作業が発生するために時間がかかるようになると説明できる。

第3項　ネガティブプライミング

　ネガティブプライミングとは、先行刺激を処理することによって、後続の刺激の処理が阻害される効果を言う。ストループ課題を例にネガティブプライミングを説明しよう。まず、ストループ課題とは、色の付いた文字で色の名前が提示され、この刺激の文字色を回答する課題である。色と意味が不一致の場合には、一致している場合に比べて反応に時間がかかり、誤りが増えることが知られている。ネガティブプライミングは、色と意味が不一致のストループ課題を連続して行った場合に観測できる。たとえば、まず先行刺激として、「赤」が青い文字で書かれており、無事に青と答えられたとしよう。そして次の刺激、たとえば「緑」が赤い文字で書かれており赤と答えなければならない場合、青で書かれた「緑」に対して青と答える場合よりも時間がかかり、難しく感じることが知られている。これは、先行刺激の処理において「赤」を抑制したために、後続刺激に対して赤と答えるのが難しくなったのだと説明される。

　それでは、この現象についても砂山モデルの振る舞いによって説明してみよう。砂山モデルによるプライミングの説明では、先行刺激を処理することによって作られた格子形状が残っているために反応時間が短くなると説明した。格子形状の決定についてはオープンな状態ではあるが、たとえば、関連する領域は三角格子のような疎な状態になり、関連の少ない部分、パターンが生じてほしくない部分については六角格子のような密な状態になると考えるとどうであろうか。密な状態であれば、雪崩の間隔は長くなり、大きい雪崩は起きなくなり、持続時間も短いものしか現れなくなる。ネガティブプライミングでは、先行刺激によって後続刺激の処理が抑制される

と言われるが、これは、単に後続刺激を処理するための部分が六角格子的になっていると説明することができるだろう。

第4節　アンカー効果

　アンカー効果とは、認知バイアスの一種であって、先行する数値刺激によって後の数値に関する判断が歪められて、先行する数値刺激に近づく傾向のことをいう。アンカー効果は、実際にマーケティングなどでも利用されている。

　アンカー効果は次のような質問を使った実験によって確認されている。国連加盟国のうち、アフリカの国の割合はいくらかという質問をする前に、65％よりも大きいか小さいかと尋ねた場合と、10％よりも大きいか小さいか尋ねた場合では、65％より大きいか小さいかと尋ねた場合の方が、その回答される数値が大きくなる。

　もう1つ例を示そう。ガンジーが亡くなった年齢を質問する際に、35歳以上かと聞いた場合には、114歳以上だったかと聞かれた場合に比べて、年齢を小さく見積もる傾向が現れる。ちなみに、この「直前に見た数字」はガンジーの年齢として示された数字ではなく、まったく関係がない数字であってもアンカリングは起こる。

　アンカー効果を悪用したような例を出してみよう。実際には、2千円の洋服があったとしよう。これを高く売りたかった場合には、最初に1万円という値札を付け、値下げ交渉には応じる旨を表明しておく。実際に交渉になった場合、相手は、1万円という先行する数値刺激に影響され、1万円に近い9千円や8千円であれば買ってもよいかと判断してしまうのである。トベルスキー（A. Tversky, 1937-1996）とカーネマン（D. Kahneman, 1934- ）によれば、アン

カーの数値を始点として調整を行う結果、判断が歪んでしまうと説明している。

アンカー効果が起こるメカニズムは、間接プライミングが起こるメカニズムによって説明できる。先の例を出すと、先行刺激として35という数字に関する雪崩が起きた場合には、後続刺激に対しても35と答えるような格子形状になっている。また、数字が頭の中でどのような配置になっているのかは実際にはわからないが、近い数字は同じような場所において同じようなパターンを持っているとすると、後続刺激に対して応える場合にもやはり35に近い数字が出やすくなることだろう。

なお、神経言語プログラミングの分野において「アンカリング」という言葉が使われるが、このアンカリングはどちらかと言えば、符号化特殊性原理に近い現象であると思われるため、そちらで言及することにする。

第5節　アインシュテルング効果

人は、何かの問題を解決しようとするとき、特定の考えを持っていた場合には、適切な問題解決が思い浮かばなくなることが知られており、これは、アインシュテルング効果と呼ばれている。アインシュテルングとは、ドイツ語で「心構え」を意味しており、よく知っている方法が思いついてしまうとその方法にこだわってしまい、もっとよい方法を思いつかなくなってしまうのである。アインシュテルング効果は、ルーチンス（A. Luchins, 1914-2005）が行った水差しの思考実験によって確認することができる。

たとえば、3cc と 21cc と 127cc の容器があり、これらを使って

ぴったり 100cc を測る課題を実験参加者に考えてもらう。この答え
は、127cc の容器に水を入れ、21cc の容器に水を移すことで 127cc
の容器の中にある水を 106cc に減らし、さらに 3cc の容器を水で満
たした後にその水を捨て、再度水で満たすと、127cc の容器の中に
は 100cc の水が残る。実験参加者には、この課題に取り組んでも
らったのち、同じような水を測る課題に従事してもらう。次の課題
では、3cc と 23cc と 49cc の容器を使ってぴったり 20cc を測る方
法について考えてもらう。この答えは、非常に簡単で、23cc 容器
に水を汲み、3cc の容器に水を移せば、23cc の容器には 20cc の水
が残る。しかし、先の課題に取り組んだ実験参加者たちは、回りく
どい方法で水を測った。その方法とは、49cc の容器を水で満たし
たのち、23cc の容器に水を移し、49cc のカップにある水を 26cc に
減らす。そして、この水を 3cc の容器に移した後一度捨てて再度
水で満たす。そうすると 49cc の容器には 20cc の水が残るのである。
このように、先に行った課題の解法にこだわってしまって、簡単な
方法を思いつかなくなるのである。

　アインシュテルング効果は、水を測る課題に限ったことではなく、
科学者が自らの理論に合わないデータを無視してしまったり、経営
陣が方針の転換をはかれなかったり、医者が誤診してしまったりす
るのも、このアインシュテルング効果によるものだと考えられる。

　アインシュテルング効果は、直接プライミングが起こるメカニズ
ムで説明できる。ルーチンスの実験では、先行刺激の代わりに先行
課題が行われ、後続刺激の代わりに後続の課題が与えられている。
そして、後続課題の解法が、先行課題の解法によって縛られるので
ある。

　認知心理学では、人の脳には異なる機能を持つ多くのモジュール
があると考えがちであるが、砂山モデルが表現するものは、ただ単

に大脳皮質の振る舞いに過ぎない。そのため、機能を分けて考える必要もなく、アインシュテルング効果のような推論の領域であっても、無節操にもプライミングのメカニズムで説明できてしまうのである。

　アインシュテルング効果は、われわれに対して、物事をできるだけ正確に表現することを求めているようにも考えられる。たとえば、「神経回路」という言葉がある。確かに神経細胞にも回路にも電流が関わってくるが、神経細胞の場合にはもしかすると、回路のようにサーキットになっていなくてもよいのかもしれない。砂山モデルの振る舞いを考えると、回路の中を流れる電流を作るように神経細胞が活動しているわけではなく、どちらかと言えば波を作り出すように動いているようにも思える。「波」という表現自体が正確なのかは十分に吟味しなくてはならないが、神経の活動は回路というよりも波に近いのではないだろうか。波を実際に見てみるには、風呂場に浸かるときに水面に手を置き、タイミングよく上下に動かしてみるとよい。最初は大した波はできないが、うまく共振を起こすことができれば、風呂場の水が湯船から出てしまうほどの波を作ることができるだろう。

　心理学が扱う「心」は、あやふやで理解することも表現することも難しい対象なのかもしれない。そのために、メタファーやアナロジーがなければ研究が進められないのかもしれない。しかし、安易なメタファーは強烈にアインシュテルング効果を引き起こし得ることは、常に注意しておくべきであろう。

　アインシュテルング効果は、本書で提案する考え方が簡単には受け入れられないであろうことを奇しくも予測してしまう！　認知心理学は、人の機能をコンピュータや他の物になぞらえなければならないというアインシュテルングを、心理学を学ぶ人に対して課して

おり、一度心理学を学んだ人は、そこからなかなか出ることができない。仮に本書が、大脳皮質のモデル化をしたといったところで、人の性質とは明らかに異なるコンピュータメタファーに執着して、メタファーによる理解から離れようとはせず、聞く耳はもたれないであろう。従来の枠組みは、いわば皆がよく見知ったものなので、誰の大脳皮質にあっても三角格子のような疎な状態で扱われることになる。そのため、大きな確信を持って理解でき、その理解は持続することだろう。それに対して、新しいパラダイムは誰の頭にとっても六角格子、またはそれ以上に密な格子形状で受けなければならず、理解するのに時間がかかり、確信が持てず、また理解を持続することもままならないことになる。新しいパラダイムが陽の目を見るためには、パラダイムの有効性や正しさだけでなく、新しい動きに賛同し、苦労を惜しまない多くの人々が必要なのであろう。

第6節　符号化特殊性原理

　符号化特殊性原理とは、端的に言ってしまえば、記憶した内容は、記銘時の文脈に近いと想起されやすくなるという性質である。なお、文脈には、周囲の環境を意味する外的文脈と、自らの気分や感情を意味する内的文脈の2つがある。

　外的文脈の影響を調べた研究に、エンデル・タルヴィング（Endel Tulving, 1927-）の行った研究がある。この研究では学習時と同じ状況にした方が、記憶が再生されやすいことを単語の学習課題によって確認している。ターゲットの単語の他に関連のある手がかりを同時に提示して単語を学習させた場合には、学習時と同じ手がかりが示されたときには成績が良くなり、反対に、学習時には用いていな

い手がかりを出した場合には、仮にターゲットと関連性が高い手がかりだったとしても、成績は悪くなる。また、水中で記銘した場合には、水中で想起した方が再生率が高くなるという研究もある。

　内的文脈の影響に関しては、気分状態依存効果や、気分一致効果と呼ばれるものがある。気分状態依存効果とは、楽しい気分のときに記銘した内容は、楽しい気分のときに想起しやすくなり、悲しい気分のときに記銘した内容は、悲しい気分のときに想起しやすくなるという効果である。この効果は、次の実験で確認されている。感情を呼び起こさないような中立的な単語のリストを2組用意し、1つ目のリストを実験参加者に覚えさせるときには催眠によって楽しい気分にさせてから覚えさせ、もう1つのリストを覚えさせるときには悲しい気分にさせてから覚えさせる。そして、テストする段階では、再度催眠によって実験参加者の気分を誘導し、覚えた単語のリストを再生させる。すると、楽しい気分のときに記銘した内容は楽しい気分のときに想起されやすく、悲しい気分のときに記銘した内容は悲しい気分のときに想起されやすいことが確認されている。それに対して気分一致効果は、楽しい気分のときには楽しい内容を記銘しやすく、悲しい気分のときには悲しい内容を記銘しやすくなる効果である。

　符号化特殊性原理を砂山モデルによって説明する。プライミングを思い出すと、砂山モデルの格子形状は、先行刺激の処理によってすでに出来上がっており、認知できるものも想起できるものも、その出来上がっている格子形状に依存する形になる。普段われわれは連続した空間の中を連続した時間の中で生きており、常に、少し前にいた場所や少し前の時間に起きたことが先行刺激として存在していることになる。しかも、この先行刺激は視覚なら視覚に限られるというものではなく、視覚も聴覚も嗅覚も触覚も、あらゆる感覚に

なんらかの入力が入ってきているのである。

　そう考えると、符号化特殊性原理はなんら特別な現象ではない。なぜならば、海の中で単語を覚えようとした場合、単語のみを覚えるのではなく、先行刺激になっている「海の中にいる状態」も一緒に記憶されるからである。そもそも、人間は選択した刺激のみを記憶するようにはできていないのではないだろうか。

　嬉しいときに嬉しいことを想起しやすかったり、悲しいときに悲しいことを想起しやすかったりするのも、特別なことではない。嬉しい出来事は嬉しい状態とともに記憶されているので、先行刺激として「嬉しい状態」があれば、嬉しい出来事はプライミングと同様の要領で想起されるのである。

　符号化特殊性原理は、実験心理学に対して大きな疑問を投げかけるのではないだろうかと考える。実験室で行う心理学実験は、極力文脈を排除して実施しているが、無文脈というありえない状況において、通常ありえないような課題を行うことにどれだけの意味があるのだろうか。統制がとられた実験系で確認される効果と、文脈によって生み出される効果とを比べたとき、どちらの方がわれわれの心理に強く影響を与えるのであろうか。もしかしたら、文脈依存性やコンテンツ依存性に焦点を当てた方が、彩り豊かな研究ができるのではないだろうか。

　神経言語プログラミングのアンカリングは、この符号化特殊性原理を応用したものだと言えよう。アンカリングは、ある特定の刺激や動作によって、ある状態を作り出す技術である。ある特定の刺激や動作がプライミングの要領で次のある状態を作り出すのである。

第7節　クロスモーダル

　従来の心理学では、視覚は視覚、聴覚は聴覚と別々に処理がされていると考えられていた。しかし、実際には各感覚は互いに影響を与え合っており、視覚の情報がものの聞こえ方を変えてしまったり、見た目や匂いによって味覚が変わったりする。このような現象は、クロスモーダル現象と呼ばれている。

　クロスモーダル現象を体験する一番簡単な方法は、かき氷にシロップをかけて食べることである。シロップは、こだわった特別なものではなく、ごく普通のシロップを選ぶ。かき氷にメロンのシロップをかけて食べると、なんとなくメロンの味がするように感じ、イチゴのシロップをかけると、今度はイチゴの味がするように感じるだろう。しかし、実際には、メロンのシロップもイチゴのシロップも原材料はほとんど同じで、色と香料が異なるだけである。色と香料の異なるシロップによって違う味を感じることは、視覚や嗅覚によって味覚が騙されていると解釈できる。

　視覚が聴覚に与える例として、マガーク効果を紹介しよう。マガーク効果とは、たとえば「が」という音と同時に「ば」と発音している人の映像を見せると「が」でも「ば」でもなく「だ」と聞こえてしまう効果である。われわれは、日々様々な音や声を聴いているが、この音声が視覚によって影響を受けているというのは信じがたいことだろう。しかし、インターネットでマガーク効果を調べれば数多くの映像が公開されているため、経験することができる。

　視覚によって力覚が変わるという事例もある。引っ越しをするときに段ボールにぎっしり本を詰め込んでしまって、持ち上がらなく

なってしまったことはないだろうか。根本的な解決策は詰め込んだ本の量を減らすことであるが、段ボールの色を変えるだけで持ち上がってしまうことがあるかもしれない。われわれは持ち上げる物体の見た目によって感じる重さが変わるのである。ちなみに、黒は物体を重たく感じさせ、白は軽く感じさせることが知られている。

　視覚の情報によって力を感じる場合もある。一番有名な例は、パソコンのマウスの動きに対してカーソルの動きが鈍くなったときであろう。マウスの動きに合わせてすいすい動いていたカーソルが急に遅くなったとき、われわれはマウスが重たくなったような感覚にとらわれる。これは、疑似的に力が発生したと見ることもできるであろう。

　クロスモーダルという現象は、工学的に見ても非常に魅力的な現象である。現在の情報通信技術で伝送できるのは、せいぜい視覚情報と聴覚情報くらいであろう。そうすると、何かの情報を遠隔地に届けようと考えても、視覚情報と聴覚情報しか送ることができない。しかし、クロスモーダル現象をうまく使って体験をデザインできたならば、視覚情報から疑似的に力を発生させたり、味覚に変化を起こしたりすることが可能になるのである。

　クロスモーダルに関する興味深い事例は他にも多くあるが、そろそろ砂山モデルの振る舞いによる解釈に移ることにしよう。クロスモーダル現象は、符号化特殊性原理と同様のメカニズムで起こっていると考える。砂山モデルでは、1つの砂山が大脳皮質と対応しており、従来の心理学のように視覚野がどこであるとか、聴覚野がどこであるとか分割して理解しようとしはしていない。つまり、様々な知覚が統合されると考えるのではなく、全体として1つの体験が生み出されると考えるのである。たとえば、右手の指を開いて机に上に置いたとしよう。従来の心理学のように考えるならば、親指と

人差し指と中指と薬指と小指が机に触れているので、この刺激が脳に伝わり、親指と人差し指と中指と薬指と小指が机に触っている触覚を作っていると考えることができるかもしれない。しかし、砂山モデルによってこの現象を捉えるならば、手が机の上にあることを体験していると説明する。どの指がどう触れているのかなどは問題ではない。確かに人差し指に感覚を集中して人差し指が机を触っている体験をすることもできるが、それはまた「人差し指に意識を集中して机を感じるという」別のケースである。

　イチゴシロップのかかったかき氷を例に挙げて見ると、見た目の赤い色を目にし、イチゴの香料を鼻で感じ、そしてシロップの甘味がイチゴ味に感じるという捉え方をするのではなく、イチゴシロップがかかったかき氷を食べたら、イチゴを食べたときの雪崩のパターンと似たようなパターンや、一部重複するパターンが現れ、一度そのパターンが現れたならば、事実とは異なってもイチゴ味に感じるのだと捉えるのである。

　最近、バーチャルリアリティのコンテンツが充実してきており、海の中に潜るコンテンツを体験した人は潮の匂いを感じたという話も聞く。これは、正に、頭の中で「海の中にいる」状態が雪崩のパターンとして現れたために、海の中にいるときに感じたあらゆる感覚が幻覚として生じたのではないだろうか。

第8節　虚偽記憶

　記憶の想起時に起こる興味深い現象に、虚偽記憶がある。虚偽記憶とは、実際には経験したこともないにもかかわらず、あたかも自分が経験したかのように想起される記憶のことである。この

虚偽記憶を作り出し、その性質を調べる方法として DRM パラダイム（Deese-Roediger-McDermott paradigm）と呼ばれる方法がある。DRM パラダイムでは、まず、実験参加者に次のようなリスト、ドア・サッシ・ガラス・風・光・カーテンを記憶させて、後ほど、リストの内容を想起するように指示する。すると、実験参加者が想起したリストには高い確率で「窓」という単語が含まれているのである。この他にも、「眠り」を虚偽記憶として想起させるリストとして、ベッド、休息、目覚め、疲れ、夢といったものがある。このように、虚偽記憶として想起させるターゲットの単語に強い関連がある単語をリスト化して提示すると、虚偽記憶を作り出すことができる。認知心理学では、関連の強い記憶同士を自動的に関連付けて処理していると考えられている。

　虚偽記憶は、単語のリストに限った話ではなく、過去に経験した内容を想起する場合にも起こる。ロフタスとピクレルは、成人の実験参加者に対して幼少期の出来事を 4 つ提示してその内容について記憶していることを想起してもらう実験を行った。すると、4 つのうち 1 つは、実際には経験していない出来事であるにもかかわらず、実験参加者はその未経験のはずの出来事に対して何かを思い出したのである。認知心理学では、その記憶がどこから得られたものであるのかをモニタリングする機能をソースモニタリングと呼んでおり、虚偽記憶は、ソースモニタリングの失敗であると解釈している。

　砂山モデルによる説明は、もしかしたら単調に思えるかもしれない。なぜならば、数多くの現象に対して、ほとんど同じメカニズムによって説明をしてしまうからである。虚偽記憶についても同様であり、DRM パラダイムについては間接プライミングによって説明できる。ドア・サッシ・ガラス・風・光・カーテンに関する雪崩のパターンがそれぞれ窓の雪崩のパターンの一部と重複すると考えれ

ばよい。ドアについて雪崩を起こす、ドアに対応した格子形状が作られる。そしてサッシについても同様であり、ガラスについても同様である。すると、実際には見ていないにもかかわらず、窓に対応する雪崩のパターンについても格子形状が作り上げられた状態になることもあるだろう。そして、単語を思い出そうとすると、経験した格子形状に対応する単語を思い出すことによって窓が想起されるのである。従来の理論でも記憶痕跡という考え方があるが、これとほぼ同様である。

過去に経験したことがないものをあたかも経験したかのように思い出す虚偽記憶には、また別の説明が必要になるかもしれない。過去の思い出を埋め込む実験では、子供の頃に気球に乗ったという合成写真を用意し、「子供の頃に気球に乗りましたか。」と質問しながらこの写真を見せるのである。最初のうちは気球に乗ったことはないと答えることができるが、本物の昔の写真とこの写真を混ぜた状態で間隔をあけて何度も質問を続けると、「気球に乗ったに違いない」と感じ始めるのである。

この現象は、砂山モデルの振る舞いで説明するとどうなるであろうか。虚偽記憶を埋め込む実験で重要なことは、昔を思い出させた状態を作ってそこに記憶を植えつけることだと考えられる。まず、昔を思い出すように指示を出すと、砂山の格子形状は「昔の出来事」に対応する雪崩のパターンを生じさせるものに変化する。しかし、実際には気球には乗っていないため、気球に乗ったという雪崩のパターンと昔の出来事の雪崩のパターンは大きく異なり、ネガティブプライミングの格子形状が密な状態で雪崩を起こそうとしている状態に近くなる。すると、やはりサイズが小さく持続時間が短い雪崩しか起きないため、実験参加者は気球に乗ったという確信が持てず、経験していないと答えることになる。しかし、合成写真を

見て経験したか考えるとき、昔の出来事に対応する状態に対して気球に乗った自分という雪崩のパターンが何度か起こることになり、昔の出来事に対応するところに気球に乗った自分が埋め込まれることになる。合成写真を見て何度も確認するうちに、昔の出来事を思い出す状態における気球に乗った自分のパターンが三角格子のような疎な状態になっていき、大きな雪崩が起きるようになると、確信を持って気球に乗ったに違いないと思うようになるのである。

　心理学では、虚偽記憶を作り出すいくつかのパラダイムがある。このパラダイムは人の記憶を弄び、騙すためのテクニックとして使い得る、非常に危険なパラダイムである。その一方、本当の記憶に苦しめられている人に対してよい虚偽記憶を植えつけることで立ち直らせることもできるかもしれない。本当の記憶に苦しめられる人生と、植えつけられた記憶による幸せな人生とどちらを選ぶのかは、1人1人が自らの倫理や価値観に基づいて決めればよいが、このような逃げ道があることは心の片隅に置いておいてもよいだろう。

第9節　注意

　認知心理学において、現象を説明する言葉でありながらそれ自体が研究のトピックになっている「注意」という言葉がある。注意という言葉は、日常会話の中にも頻繁に登場し、われわれにとって非常に馴染みのある言葉である。道端で喚起音とともに「バックします。ご注意ください。」という音声が聞こえれば、周囲にトラックがいないか、そしてそのトラックがバックしたときの進行方向に自分がいないかどうか確認し、もしそうであれば速やかに移動するだろう。「足元にご注意ください。」という表記を目にすれば、足元を

よく見て、段差やぬかるみがないか確認して、転ばないように滑らないように、慎重に歩を進めるだろう。そして、「彼は要注意人物だ。」と聞けば、その人と距離を置くようにするかもしれないし、利用されたり貶められたりしないように言動を逐一疑うようになるかもしれない。われわれは、注意という言葉の意味を理解し、その場その場に応じて適切に行動を変えることができる。しかし、注意という言葉自体に目を向けると、背景や文脈によって意味が変わり、その言葉を受け取った人の行動変容の在り方も多様であると考えられる。日常会話で使われる「注意」という言葉は、忠告や、気を配ることや、用心することという意味を持ち、非常に多義的である。

　学術の言葉としての注意について紹介しておこう。『注意をコントロールする脳 —— 神経注意学から見た情報の選択と統合』に注意に関する記述がある。これによれば『「注意とは何かと尋ねられなければ知っている、しかし説明しようとするとなんだかわからなくなる」といった具合になるだろう。経験としてはその意味も意義もよくわかっているのに、科学的に説明しようとするとわからなくなりがちなのが注意である。』と書いてある。残念ながら、注意とは何なのか、この文章から読み取ることはできない。また、別のページには『注意とは「多くの情報の中から、情報を選択する心的機能」であると定義できる。われわれは直観的には身の回りにあるすべての情報を正しく認識できているかのように感じているが、一度に処理できる情報量は非常に限られていて、多くの情報のうちわずかな情報しか処理できない。脳の限られた処理資源を有効に活用するため、不要な情報には処理資源を割り当てずに、なるべく必要な情報だけを優先的に処理することが重要である。このような資源の最適化を行う、情報の選択的処理機能こそが注意であると考えられている。』と書かれている。この定義によれば、注意とは、情報を

選択する機能である。「注意」を扱う論文や、講演、学会発表を聴講していると「注意」という言葉は研究者の世界でも統一した見解は未だになく、「注意」と「ワーキングメモリ」は同じものか、違うものなのか、「注意」と「実行機能」は同じものなのか、違うものなのかについては、残念ながら研究者によって意見が異なっている。

　仮に「注意」という概念を「情報を選択する機能である」と定義した場合にも問題が生じる。情報を選択している主体はいったい何だろうか。それは「意識」だろうか、「心」だろうか。「意識が情報を選択する」と言えば、主観的には間違っていないように思える。しかし、「意識」自体が未知であり、その存在自体を確認することすらできない。「心が情報を選択する」とでも言おうものならば、心を説明するための「注意」が「心」という概念を必要としてしまい、正に循環論に陥ってしまう。このような哲学的な議論や探究は、非常に面白く魅力的に見えるかもしれないが、それは哲学の中で行えばよい。著者の見解を示すならば、「注意」という言葉を用いて人の振る舞いや性質を説明しようとする試み自体が誤りであり、未定義語や曖昧語は極力排除すべきだと考えている。

　前置きはさておき、認知心理学における注意について説明する。認知心理学において、注意とは情報を選択する機能であり、意識とは選択する機能であるため、注意と意識は直接関連する。認知心理学では、認知資源という情報を処理するために必要な心のエネルギーのようなものを仮定しており、情報の選択とは、その対象に認知資源を集中することだと考える。

　注意による情報の選択を自ら体験してみたい場合には、立食パーティーに参加するとよい。会場には大勢の人が食事をしたり、話をしたりしており、会場はかなりの騒音に包まれている。しかし、会

場内で誰かと話し込んでいると、相当の雑音の中でも相手の話す内容を聞き取ることができる。このような効果はカクテルパーティー効果と呼ばれており、注意の機能によるものだと解釈されている。認知心理学における注意のモデルをいくつか示そう。

ブロードベント（D. E. Broadbent, 1926-1993）は、カクテルパーティー効果や両耳分離聴実験の結果を説明するために、フィルタモデルを提唱した。両耳分離聴実験とは、左右の耳に異なる刺激を与え、その刺激のうち一方だけを復唱する課題を用いた実験であり、実験参加者は、難なく課題をこなすことができたが、復唱対象ではない刺激に関しては、言語を変えても、音声のテープを逆回転させても、その変化に気付くことはなかった。これは、正にカクテルパーティー効果を実験室で再現したものである。フィルタモデルでは、注意をラジオのチューニングに見立てている。ラジオ放送の電波は、放送局ごとに異なる周波数が割り当てられており、ラジオはその周波数を選択することで特定の放送局の電波だけを受信し、音声をスピーカーから出力する。人もこのラジオと同じように、たとえば右耳の音声だけを受信するように注意を集中すれば、左耳の音声は受信できなくなると考るのがフィルタモデルである。

カクテルパーティー効果には、注意を向けた相手の会話を聞き取ることができる効果だけではなく、不意に自分の名前が呼ばれたときに気が付くような効果も含まれているが、ブロードベントのフィルタモデルではこの現象を説明できない。トリーシュマン（A. M. Treisman, 1935- ）は右耳と左耳という分け方ではなく、内容が大事だと考え、次のような実験を行った。両耳分離聴実験において、右耳と左耳に異なるストーリーのある文章を刺激として入力し、実験参加者には、たとえば右耳から聞こえる内容を復唱して左耳から聞こえる内容は無視するように教示する。そして、予告なく右耳に入

力しているストーリーと左耳に入力しているストーリーを入れ替えると、実験参加者は入れ替わった内容を復唱できずに、無視しなければいけない切り替わる前のストーリーに引っ張られてしまうことを確認している。トリーシュマンは、この現象を説明するために、減衰モデルを提唱した。減衰モデルでは、フィルタモデルのように完全に情報を遮断してしまうのではなく、弱められるだけであり、意味のレベルにまで情報は届いていると考えた。フィルタモデルや減衰モデルは、入り口で情報の選択が行われるため、初期選択モデルと呼ばれる。その他にも、すべての情報は意味のレベルまでしっかりと処理された後で選択のふるいにかけられると考える、後期選択モデルも提唱されている。

　注意の機能に関して、これまでのモデルよりも柔軟な負荷理論がラヴィ（N. Lavie）によって提唱されている。この理論では、知覚のレベルで負荷が少なければ情報はすべて処理された後で選択させる後期選択され、負荷が多ければ初期選択されるというモデルである。負荷理論は、人がコンピュータのようなものではなく、もっと柔軟性に富んだものであることを示唆している。

　これまで聴覚に関する実験を紹介してきたが、視覚に関する注意も一大領域である。このような注意は視覚的注意と呼ばれ、ポズナー（M. Posner, 1936- ）によれば、視覚的注意には、外発的注意と内発的注意がある。外発的注意は、自動的に向けられる注意であり、たとえば明るさが変わったり、人や物が飛び出してきたりしたときに強制的にその対象に向けられる。これに対して、内発的注意とは意図に基づいて向ける注意であり、動き続ける競技中の選手を見続けるのは、この内発的注意による。

　視覚的注意の機能を調べるためには、注意手がかり法というパラダイムが用いられる。注意手がかり法によって外発的注意と内発的

注意の違いが明らかになっている。このパラダイムで外発的注意について調べるときには、まず、実験参加者に対して3つの四角形を横に並べて呈示し、手がかりとして左右いずれかの四角形を光らせる。そして、またどちらかの四角形にターゲットを提示し、実験参加者はターゲットを見つけ次第、ターゲットの位置に対応するボタンをなるべく早く押すように教示される。実験参加者に対して、手がかりを無視するように教示しても、手がかりとターゲットの位置がチャンスレベルでしか一致しないような手がかりとして役に立たない場合でも、実験参加者は手がかりに引っ張られて、手がかりとターゲットの位置が同じ場合には反応時間が短くなる。これに対して内発的注意を調べるときには矢印などの解釈が必要なものを手がかりとして用い、外発的注意を調べるときと同様の実験を行う。そうすると、矢印の差し示す四角形とターゲットの出現位置が一致する場合には反応時間が短くなり、そうでない場合には反応時間が長くなるのである。また、視覚的注意は、手がかりの提示と、ターゲット提示のタイミングによってその性質が異なる。

　注意と時間の関係において、一定時間、注意が機能しなくなる注意の瞬きと呼ばれる現象が報告されているが、この現象については第7章において説明することにしよう。

　それでは、これらの注意に関する現象について砂山モデルの振る舞いによって説明してみよう。まずはブロードベンドの両耳分離聴実験についてである。同じ説明を繰り返しているため、察しのよい読者は気付くかもしれないが、この実験に対する説明は符号化特殊性原理やクロスモーダルの節においてすでに述べている。われわれは、意識したり知覚したりする段階では、1つ1つの指にある感覚や、耳の中にある特定の周波数だけに反応する部位の振動などではなく、もっとまとまった情報として扱っていると考える。ラーメン

を食べるとき、麺と付け合わせの野菜の歯ごたえを感じながらスープの塩分を舌に感じるというよりは、「ラーメンを食べる」という感覚なのである。つまり、両耳分離聴実験では、右耳、左耳の音を統合して理解すると考えるのではなく、ただ「聴いている」のである。

　注意手がかり法については位置的なプライミングの問題だと考えられるため、割愛することにする。

第6章　2つあることによって説明できる現象

第1節　反応時間の分布

　反応時間は心理学研究の中でも最も頻繁に用いられている指標の1つであり、客観的な指標であると考えられている。

第1項　心理学における反応時間の取り扱い

　反応時間は、仮に同一人物が同一条件下で同一の課題を行ったと

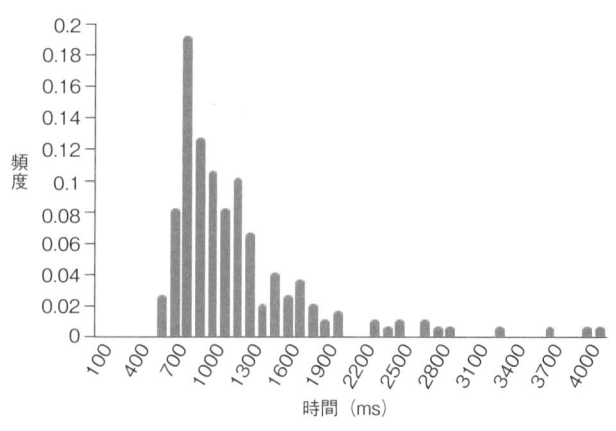

図10　反応時間分布

しても、ある程度のばらつきが生じると考えられるため、ランダム変数として扱われるべきであると考えられている。そのため、心理学の研究では、1回の測定で得られた反応時間を用いるのではなく、反応時間分布を正規分布と見なして条件間の平均値の差を求めることが多い。反応時間分布の例を図10に示す。

　反応時間分布は正の方向に歪んでいるため、単純に平均値を算出すると、ごく稀に起こる遅すぎる反応の影響を強く受けてしまう。そこで、遅すぎる反応を外れ値として除外するケースが多い。最も多く採用されている外れ値の除去は、標準偏差を用いたものである。この方法では、反応時間の全データを用いて平均値を算出し、この平均値から標準偏差の2倍または3倍以上離れた値を外れ値として扱う。しかし、外れ値を算出する基準として標準偏差を用いるためには、反応時間分布が正規分布でなければならないが、そうはなっていない。さらに、標準偏差からどれだけ離れた値を外れ値とするのかについて明確な基準はないため、場合によっては研究者がこの値を恣意的に設定できてしまうという問題もある。

　反応時間の上限と下限を任意に決めてしまうという方法も使われる。しかし、研究者の間で反応時間の下限を100msに設定することについては合意されているが、上限値についてはどのくらいの値に設定するのかについて明確な基準はなく、上限の値によって検出力に変化が現れるため、この方法を適切に用いることは難しい。

　また、平均反応時間に差が現れるのは、反応時間分布の歪みが変化して平均反応時間が変化する場合や、反応時間分布自体が平行移動して平均反応時間が変化する場合もある。その一方で、平均反応時間が増加する方向に反応時間分布が歪んだが、平均反応時間が減少する方向に反応時間分布が平行移動したために、平均反応時間に差が現れない場合もあることが指摘されている。平均反応時間に

よる研究は、ミスリーディングする可能性があるため、反応時間分布の形状を考慮に入れることができる指数ガウス（ex-Gaussian）分布によるフィッティングを行い、そのパラメータを用いて議論するケースが増えている。

　指数ガウス分布は、正規分布と指数分布を畳み込み積分することによって求められ、正規分布のパラメータである平均 μ と標準偏差 σ、そして指数分布の母数 τ の3つのパラメータによって特徴付けられる。指数ガウス分布の例を図示する（図11）。

　それでは、反応時間の分布は指数ガウス分布なのだろうか。似ているだけではないのだろうか。著者が実際に実験によってデータを取得し、指数ガウス分布によるフィッティングを行ってみたところ、似ているように見えるケースもあるがまったく違う分布が推定されているケースを確認している。つまり、指数ガウス分布によるフィッティングを行って得られたパラメータで議論した場合には、反応時間分布とは似ても似つかない分布のパラメータで議論するこ

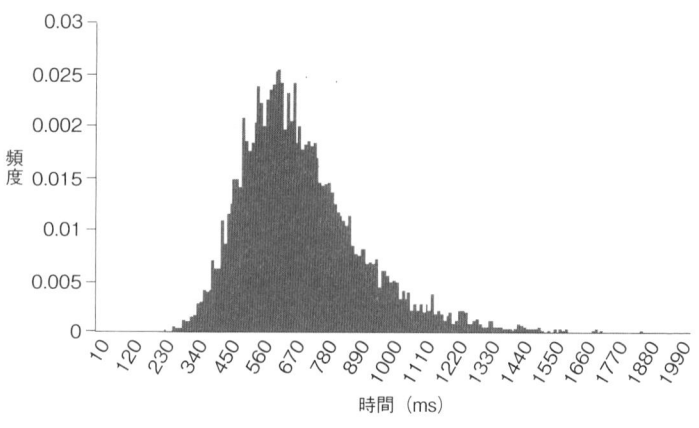

図11　指数ガウス分布

とになってしまう。

　もし、心理学者が科学者であるならば、この問題は非常に重要なはずである。心理学研究の中で最も頻繁に用いられている指標であり、客観的だと考えられる反応時間を取得しても、分析の工程で信頼性に問題が生じてしまうからである。しかし、心理学者がエンジニアであったならば、これは大した問題ではない。なぜならば、正しいかどうかは別にして、平均値を用いるにしろ、指数ガウス分布を用いるにしろ、分析らしきことはできるからである。

　反応時間と誤りの関係についても説明される場合がある。一例を紹介しておこう。マイケル・ポズナーによれば、人の情報処理は積み上げ型であり、時間が経てば経つほど情報が積み上げられるために正しい回答ができるようになる。はたして人の情報処理は積み上げ型なのだろうか。

第２項　新しい自然主義心理学による反応時間の取り扱い

　新しい自然主義心理学における反応時間の解釈については第Ⅲ部第５章においてすでに説明しているため、簡単に説明する。反応時間の分布を表現するのは、二重砂山モデルである。課題が提示され、刺激が入ってくると、２つの砂山は格子形状を決定するプロセスに移る。実際に神経細胞のネットワークに変化が起きるかはさておき、呈示された課題を大脳皮質のどの領域で扱うのかを決める工程であると考えてもよいし、仮想的な神経細胞のネットワークが形成されると考えてもよい。現時点で、この工程のメカニズムは未決定にしておく。

　２つの砂山で格子形状が決定されると、次に砂山モデルのシミュレーションのように、活動に参加している神経細胞においてランダ

ムに電位の上昇が起こる。そして、ある場合にはその神経細胞では発火が起こり、またある場合には何も起こらない。このような活動が2つの砂山に対応する右大脳半球と左大脳半球において繰り返し行われ、稀に非常に大きい神経雪崩が生じる。仮に左大脳半球において先に大規模な雪崩が起きたとしよう。そうすると、意思決定は左大脳半球の下した決定が優先される。そして、少しの時間を置いて右大脳半球においても大規模な雪崩が起きる（ただし、これは活動の中断にあたる）。すると、そのタイミングで実験参加者は回答するために手や指を動かすのである。

このダイナミクスをそのまま反応時間分布の関数に起こすのは難しい。なぜならば、変数が多すぎるからである。右大脳半球の格子形状決定時間と、左大脳半球の格子形状決定時間、そして右大脳半球における雪崩の間隔に関する指数分布のパラメータと、左大脳半球における雪崩の間隔に関する指数分布のパラメータ、さらに運動に要する時間の5つのパラメータをすべて考慮しなければならなくなる。そこで、思い切った単純化を行う。それは、左右大脳半球の格子形状決定時間を同一のものとして、課題が同じであれば固定時

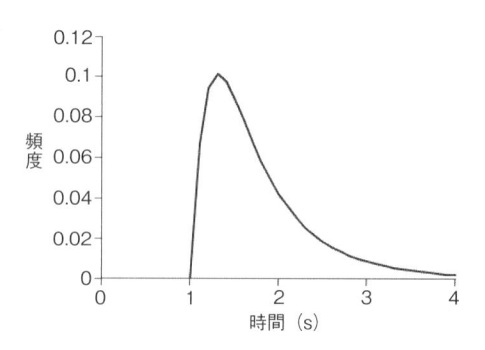

図12　二重砂山モデルによる反応時間分布の形状

間として扱うことにする。そして、運動の時間も固定値として、格子形状決定時間とまとめてしまうのである。こうすることで、左右の大脳半球における雪崩の間隔に関する指数分布のパラメータ2つと、固定時間の3パラメータになった。

　ここでは、関数の導出は行わないが、パラメータの異なる（同じでもよい）2つの指数分布の積を固定時間だけ正の方向に平行移動すれば累積分布関数になり、ヒストグラムに対応する確率密度関数を求めたければ、その累積分布関数を微分すればよい。二重砂山モデルによる反応時間分布の形状を図12に示す。

　二重砂山モデルによって反応時間分布を分析、解釈しようとした場合、若干の制約がある。それは、反応時間分布の幅が広いような分布にしか適用できない点である。なぜならば、この関数は、右大脳半球と左大脳半球における処理時間のばらつきを主にモデル化したものであって、格子形状決定時間や手の運動にかかる時間のばらつきを考慮に入れたものではない。そのため、鋭いピークを持つような単純反応時間や、2選択の単純な課題の反応時間分布は当てはめられない。反対に、ストループ課題や、スイッチタスク、潜在連合テストの連合がなされていない場合の反応時間等には、他の関数に比べてよくフィッティングできることだろう。

　第Ⅱ部の第3章において、砂山モデルにおける雪崩のサイズが小さかったり持続時間が短かったりした場合にはノイズに紛れてしまうだろうと書いたが、雪崩のサイズや持続時間は、反応における誤りとも関連付けて考えることができるだろう。もし、雪崩のサイズや持続時間が十分な大きさを持てなかったならばノイズに負けてしまう場合もあると考えられる。そして雪崩のサイズや持続時間は、格子形状に依存する。すなわち、三角格子のような疎な格子形状の場合には大きい雪崩や持続時間の長い雪崩が起きやすく、六角格子

のような密な格子形状の場合には大きい雪崩が起きづらく、雪崩の持続時間も短くなりがちになるのである。

　ここで、雪崩の間隔も格子形状に依存することを思い出せば、反応時間分布の形を見れば、ヒストグラムのどのあたりに誤りが発生しやすいのか見積もることができるだろう。実は、先に示した反応時間分布は、2つの反応時間分布の和によって成り立っている。1つ目の反応時間分布とは、右大脳半球が先に処理を終えて、左大脳半球が後で処理を終えた場合であり、2つ目の反応時間分布とは、左大脳半球が先に処理を終えて、右大脳半球が後で処理を終えた場合である。残念ながら、右大脳半球と左大脳半球は並列に配置されているため、どちらの指数分布がどちらの半球なのかを調べることはできないが、左右のバランスを知ることはできる。それでは、2つのケースの反応時間分布と、和である全体の反応時間分布を図13に示そう。

　仮に、砂山モデルにおける格子形状が相対的に疎な方をA、相対的に密な方をBと呼ぶことにすると、図13のB-Aは、相対的に密なBが先に処理を終えて判断の内容を決定し、相対的に疎な

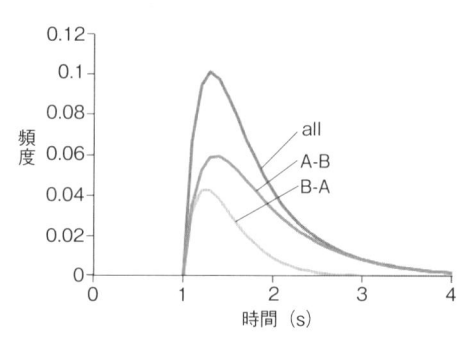

図13　反応時間分布と2つのケース

Aの処理が終わるのを待つケースに相当し、反対に図13のA-Bは、相対的に疎なAが先に処理を終えて判断の内容を確定し、相対的に密なBの処理が終わるのを待つケースに相当する。すると、相対的に疎なAの方が、大きい雪崩や持続時間が長い雪崩を起こしやすいために図13のA-Bの分布には誤りが少なくなり、図13のB-Aの分布は、密で大きい雪崩や持続時間が長い雪崩が起きづらいために誤りが多くなることになる。二重砂山モデルによれば、AとBに偏りがある場合には反応時間分布におけるB-Aの占める割合が大きい前半部分に誤りが集中しやすく、A-Bの占める割合の大きい後半部分は誤りが少なくなると予想される。

　AとBに偏りが少ない場合について図14を示す。AとBの偏りが少ない場合には、右大脳半球も左大脳半球も課題に対して同程度の回答力を持つことになる。そのため、右大脳半球が先に回答を終えるケースでも、左大脳半球が先に回答を終えるケースでも、誤りの多さに差がなくなる。そのため、誤りは前半に集中することはなく、早い反応にも遅い反応にも同じ比率で誤りが出現することになる。

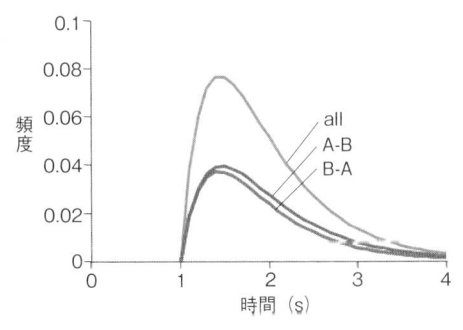

図14　反応時間分布と2つのケース（AとBに偏りが少ない場合）

第 2 節　二重過程理論

　カーネマンは、著書、『ファスト＆スロー』の中で、二重過程理論（dual process theory）について紹介している。この理論によれば、人の判断には、直観的で高速に働きエネルギーの消費がないシステム 1 と、複雑な計算のときなどに働く熟慮型で遅くエネルギーを消費するシステム 2 が関わっている。システム 2 は活動をするのに非常にエネルギーを消費するため、普段のわれわれの判断は直観的なシステム 1 によるものが圧倒的に多いが、システム 1 は経験則に基づく選択に飛びつきがちであり、しばしば判断を誤る。たとえば、バットとボールが合わせて 1.1 ドルで、バットとボールの差額が 1 ドルだった場合にバットの値段はいくらかと尋ねられれば、大抵の人は瞬時に 1 ドルという答えが頭に浮かんでしまう。しかし、実際にはバットの値段は 1.05 ドルなのである。

　人は判断を行うときに、ヒューリスティックと呼ばれる簡略化されたプロセスを経て結論を得ることが多い。ヒューリスティックはしばしば間違えるが、素早く結論に至ることができる。ヒューリスティックの癖を紹介しておく。

　典型的な例とよく似た物事が起こる確率を過大評価しやすいというヒューリスティックを、代表性ヒューリスティックと呼ぶ。たとえば、5 回連続でコイントスをしたとき、「表、裏、裏、表、裏」と出る確率と「表、表、表、表、表」と出る確率を比べたときに、実際にはどちらの場合も確率は、$0.5 \times 0.5 \times 0.5 \times 0.5 \times 0.5 = 0.03125$ になるのであるが、多くの人は「表、裏、裏、表、裏」と出る確率の方が高いと答えてしまう。これは、表と裏が出る確率が

0.5 であるために、表と裏が半分ずつ現れている方が典型的な例と似ていると判断された結果であると解釈されている。

　反応時間分布の考え方を用いて二重過程理論やヒューリスティクについて説明してみよう。第1節で示したとおり、二重砂山モデルを用いると、反応時間分布は2つの分布の足し合わせとして捉えることができる。1つ目の分布は、その処理が得意な方が先の処理を終えてその処理を苦手とする方が後で処理を終える分布であり、全体のうちで多くの割合を占める。2つ目の分布は、その処理が苦手な方が先に処理を終えてその処理を得意とする方が後で処理を終える分布であり、割合は小さく、反応時間分布全体のうち前半に集中する傾向にある。

　二重過程理論では、単純に早い反応と遅い反応に分けているが、二重砂山モデルによるならば、早い反応にはその処理が得意な方が先に処理を終えた場合と、その処理が苦手な方が先に処理を終えてその結果が優先される場合が混ざったものになり、遅い反応には、その処理が得意な方が先に処理を終えてその結果が優先される場合のみが含まれることになる。すると、早い反応は、その処理が苦手な方が先に処理を終える場合が含まれているためにしばしば間違えることになり、およそヒューリスティックに対応するが、遅い反応には間違いが少なくなる。

第3節　注意の瞬きと見落としの回避

　注意の瞬きは、高速逐次視覚提示法という実験法によって確認されている。現象そのものを説明する前に、この実験法について説明しよう。注意の瞬きが確認された実験では、刺激は、画面の同一箇

所に1フレームあたり100msだけ呈示された。視覚刺激の系列は、ターゲット刺激として大文字の英単語2つと、妨害刺激として小文字の英単語が用いられていた。実験参加者は、視覚刺激系列のどこかで出現する2つのターゲット刺激を報告するように求められた。その結果、ターゲット刺激の間隔が短い場合には、1つ目のターゲット刺激は同定できるにもかかわらず、2つ目のターゲット刺激を見落としたり、見間違ったりしやすくなることが確認され、この一時的な見落とし現象が注意の瞬きと呼ばれている。

　一方、見落としの回避と呼ばれる現象もある。注意の瞬きでは、1つ目のターゲット刺激と2つ目のターゲット刺激が近接していた場合に同定率が低下するが、見落としの回避では、わずかに実験条件を変えるだけで、1つ目のターゲット刺激と2つ目のターゲット刺激が直近であった場合に、同定率の低下が起こらないのである。

　注意の瞬きと見落としの回避は非常にキャッチ－な現象であり、この現象を説明するために様々な理論やモデルが提案されている。

　まず、資源剥奪モデルについて説明する。資源剥奪モデルでは、注意資源の存在を仮定しており、1つ目のターゲット刺激が現れると、この刺激が注意資源を奪い取ってしまうために2つ目のターゲット刺激を処理するために必要な注意資源が足りなくなる。そのために注意の瞬きが起こると説明している。

　資源剥奪モデルに分類されるモデルの中に、二段階モデルがある。二段階モデルでは、2つの段階を仮定している。1段階目の処理は、呈示されるすべての刺激に対して行われる処理であり、二段階目の処理は、課題の後で報告を要する場合などに刺激をワーキングメモリに固定化するために行われる。そして、刺激をワーキングメモリに固定化するには時間を要し、また固定化できる容量には限りがあることを仮定している。このモデルによれば、1つ目のターゲッ

ト刺激と2つ目のターゲット刺激の間隔が短い場合、2つ目のターゲット刺激をワーキングメモリに固定化しようとしたときに、1つ目のターゲット刺激が二段階目の処理を占有しているために2つ目のターゲット刺激をワーキングメモリに固定化できずに報告できなくなると説明している。

　抑制モデルでは、1つ目のターゲット刺激を処理する際に次に呈示される妨害刺激と混同しないために、感覚入力が抑制されることを仮定している。すると、1つ目のターゲット刺激と2つ目のターゲット刺激が近接している場合には、2つ目のターゲット刺激が出現したときには間隔入力が抑制されているために2つ目のターゲット刺激が同定できなくなると説明できる。抑制モデルには、注意の瞬きが知覚段階における抑制なのではなく、より高次の段階でネガティブプライミングを起こしていると説明するモデルもある。

　妨害刺激を排除してターゲット刺激のみを通過させる入力フィルタを仮定して、注意の瞬きを説明しようとするモデルもある。1つ目のターゲット刺激はこの入力フィルタに適合するため、この刺激は視覚システムに受け入れられて符号化される。符号化の間は、入力フィルタの維持が難しくなり、次に提示された妨害刺激によってフィルタの設定が変更されてしまう。そのために妨害刺激の後に呈示された2つ目のターゲット刺激は入力フィルタに適合しなくなってしまい、2つ目のターゲット刺激が見落とされてしまうと説明している。

　促進と跳ね返り理論では、関連する情報の強化を図り、無関係な情報の抑圧を行う急速に反応するゲートシステムを仮定する。このゲートシステムは、刺激が要件に適合するときには、短時間の興奮性のフィードバックを引き出してワーキングメモリへのアクセスを引き出す。しかし、注意の瞬きが起こる課題では、ターゲット刺激

の後に現れる妨害刺激が誤って促進されてしまい、その結果、次の強い抑制フィードバックがワーキングメモリへのゲートを閉じてしまい、注意の瞬きが起こると説明している。この理論では、見落としの回避についても説明できる。1つ目のターゲット刺激と2つ目のターゲット刺激が連続して現れる場合には、2つ目のターゲット刺激を処理するときには興奮性のフィードバックを受けているために処理を行うことができ、見落としの回避が起こると説明する。

　注意の瞬きや見落としの回避を説明するために数多くの理論やモデルがあり、これらの理論やモデルでは、異なる制約や異なる機能を仮定して現象の説明を行っている。また、資源剥奪モデルや二段階モデル等では、注意の瞬きについては説明できるが、見落としの回避を説明することはできない。一方、促進と跳ね返り理論では、注意の瞬きと見落としの回避の両方を説明できるが、関連する情報の強化を図り、無関係な情報の抑圧を行う急速に反応するゲートシステムという非常に複雑な機構を仮定しており、この理論は注意の瞬きと見落としの回避以外の現象には適用できない。

　注意の瞬きや見落としの回避を説明する現行の理論やモデルでは、現象を説明するために、現象を説明できそうな機能を持ったモジュールを仮定しがちなように見える。しかし、ここでは、処理装置が2つあり、これら2つの処理装置において処理の時間に差が生じると仮定してみよう。2つの処理装置が寸分の狂いもなく同時に活動すると考えるよりも、差が生じると考えた方が自然であろう。モデルの振る舞いを説明する。第3章において、想起時間は指数分布に従うことを導出しており、記銘についても同様に指数分布に従うものとする。1つ目のターゲット刺激を記憶しようとすると、2つの処理装置は同時に処理を始める。そして、いずれかの処理装置で処理が終わり、もう片方の処理装置で処理が終わっていない状態

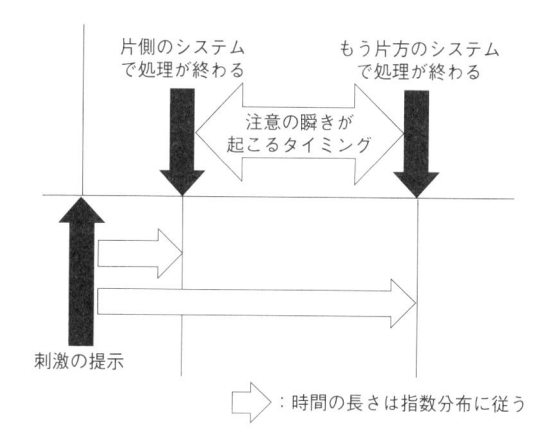

図15　注意の瞬きが起こるケース

のときに2つ目のターゲット刺激が現れると、その刺激は記憶できなくなるというのが提案するモデルである。二重砂山モデルにおける注意の瞬きが起こるメカニズムを図15に示す。

　それでは、実際にコンピュータシミュレーションを行ってみよう。指数分布に従う乱数を1万個、2組生成し、それらを用いて、要素が2つある数字の組を1万組用意する。なお、指数分布を選択したのは砂山モデルにおける雪崩の間隔が指数分布に従うためである。そして、時間ごとに、その時間までにどちらの処理装置も処理を終えていない確率と、両方の処理装置において処理を終えている確率の和を求めた。これは、全体から片側の処理装置で処理を終えており、もう片側の処理装置では処理を終えていない確率を差し引いたものであり、注意の瞬き実験における2つ目の刺激を同定できた確率に相当する。2つの処理装置における指数分布のパラメータは同じでも異なってもよいが、今回は単純にするために、2つのパラメータは同じものを用いることにする。

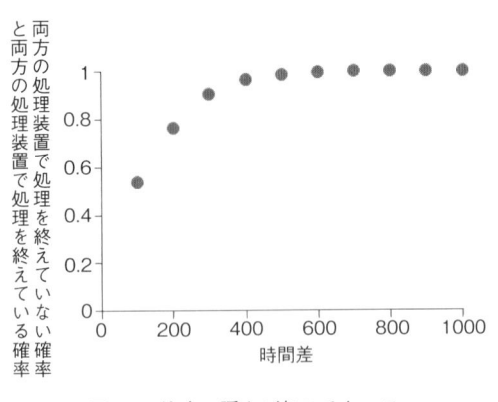

縦軸: 両方の処理装置で処理を終えている確率と両方の処理装置で処理を終えていない確率

横軸: 時間差

図16 注意の瞬きが起こるケース

　まず、指数分布の平均値が 100ms の場合について結果を示そう（図16）。

　図16の横軸は、1つ目の刺激と2つ目の刺激の間隔に対応し、縦軸は同定率に対応する。すると、1つ目の刺激と2つ目の刺激の間隔が短い場合には同定率が低下しており、間隔が長くなれば長くなるほど同定率が回復していくことがわかる。この図16は、注意の瞬きによって得られるグラフと非常に似ている。そのため、脳に提案するモデルが指摘するような制約が課されている場合には、やはりこの図のような認知の失敗が観測されることになる。

　次に指数分布の平均値が 700ms の場合について結果を示そう（図17）。

　図17の見方は先ほどと同じである。この図を見ると同定率の低下が一番大きいのは 400ms から 500ms のあたりであり、100ms の部分では同定率の低下は他の時間差に比べて小さい。これは、見落としの回避が見せる特徴である。ここでは両方の指数分布の平均値

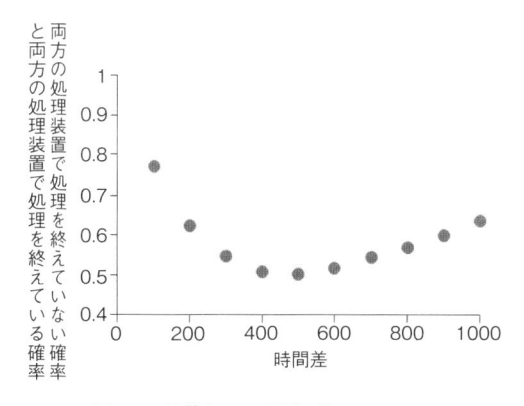

図 17　見落としの回避が起こるケース

が 100ms の場合と 700ms の場合しか扱っていないが、2 つの指数分布の平均値は必ずしも同じでなくてもよく、様々な組み合わせが考えられるであろう。実際に行われた実験と十分に似ているケースを探ってみるのも面白いかもしれない。

　なお、指数分布は砂山モデルの間隔からとっているため、注意の瞬きと見落としの回避に関する指数分布のパラメータは、砂山モデルにおける疎密によって解釈できる。つまり、100ms の場合は雪崩の間隔が短い傾向にある疎な場合に相当し、700ms の場合は雪崩の間隔が長い傾向にある密な場合に相当するだろう。

　注意の瞬きや見落としの回避に関する実験では、実験参加者の疲労等も考慮に入れてグラフの横軸は 100ms 間隔でとることが多い。しかし、コンピュータシミュレーションの場合には、このような制約を取り入れる必要もない。そこで、10ms 刻みで同様のグラフを描画してみよう（図 18、図 19）。

　図 18 と図 19 を見比べるとわかるとおり、どちらの場合であって

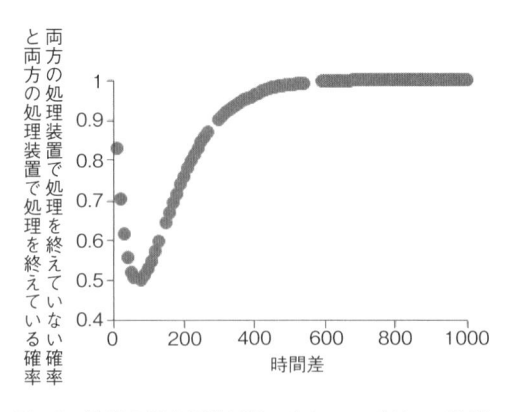

図18　注意の瞬き回避が起こるケース（10ms 刻み）

も、間隔が短い場合には同定率が下がらないことがわかる。認知心理学では注意の瞬きと見落としの回避は異なる現象であるように扱われ、注意の瞬きの場合には時間差が短ければ短いほど同定率が低下していくような印象を受ける（図16）。また、注意の瞬きを説明するモデルや理論に対してさらなる仮定を積み上げて見落としの回避を説明しようとしており、複雑な理論やモデルが乱立しているような印象さえ受けてしまう。それに対して、二重砂山モデルによる説明は極めて単純であり、両方の現象を同じメカニズムによって説明してしまう。なぜ注意の瞬きが起こるのか、なぜ見落としの回避が起こるのかについては、もしかしたら解明できないのかもしれないが、現象を説明する上で仮説が少ない方を採用するオッカムの剃刀に従うならば、この説明は従来の心理学に比べて優れていると言えるであろう。

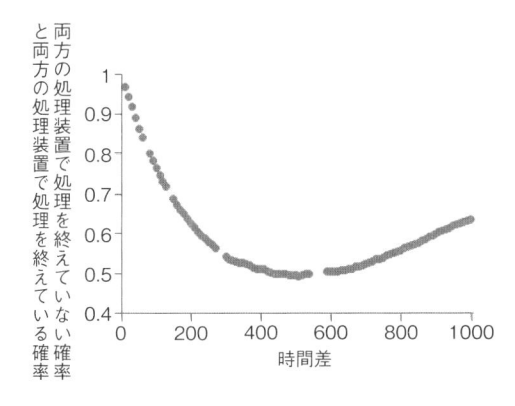

図19　見落としの回避が起こるケース（10ms刻み）

第4節　選択盲

　われわれの意思決定の幾分かはおよそ自分で決めたものではなく、しかも、自分で決めたものでなくても、あたかも自分で決めたかのような感覚になっている。この事実を明らかにしたのが選択盲である。

　実験の参加者に対してあらかじめ魅力の度合いを調整した2枚の顔写真を呈示し、好みの写真を選択させる。実験参加者は、仮に向かって右側の写真を選択したとしよう。実験者は2枚の写真を一度伏せて、手品の要領で写真をすり替えて実験参加者が選択した右側の位置に、実験参加者が選んでいない方の写真を呈示する。そして、実験参加者に対して「なぜ、この写真を選んだのですか。」と質問するのである。

この時点で実験参加者に呈示されている写真は、実験参加者が選択した写真ではないため、本来であれば、「この写真は選んだものではない。」と答えられるところであるが、実際には、2、3割の人は写真がすり替えられたことに気が付かない。それどころか、選択していない写真を選択した理由を流暢に話し始めてしまうのである。これらの事実は、われわれの意思決定が無意識のうちに行われている証拠と考えられる。

　選択盲実験によって示唆される点は、主に2つであろう。1つ目は、判断の数割は無意識が行っていること、そして2つ目は、理由をでっち上げることである。

　まず1つ目の現象について、大脳半球が2つあることによって説明をしてみよう。第Ⅱ部第4章で紹介した分離脳患者では、右大脳半球と左大脳半球は互いに独立に、別々の判断を下していた。そして、片側の大脳半球が下した判断や動作は、もう片側の大脳半球では知ることができず、自らの行動等から推測して理解する場合があるのである。

　二重砂山モデルの振る舞いを思い出してみると、刺激が提示されると、2つの砂山において格子形状が決定され、それぞれ独立に砂山モデルの振る舞いを開始する。そして片側で雪崩が起きると、その大脳半球で下された決定が優先され、もう片方の大脳半球では処理を中断させられ、中断が完成した時点で実際に反応に至る。これを選択盲に当てはめると、写真が2枚呈示されると、左右の大脳半球で独立して処理が行われ、仮に右大脳半球で先に処理が終わったならば右大脳半球の選択が優先され、左大脳半球はその処理を中断することになる。また反対に左大脳半球で先に処理が終わったならば左大脳半球の選択が優先され、右大脳半球の処理が中断されるのである。選択盲のように、数割の判断が無意識的になされているの

であれば、右大脳半球もしくは左大脳半球のいずれかの処理は、無意識的であると考えられよう。

　理由をでっち上げる点も、やはり分離脳の症例と類似しているように見える。実験参加者の左大脳半球に投影されるようにニワトリの足を見せて、右大脳半球に投影されるように雪を見せ、目を閉じて左手で見たものを書くように指示すると、分離脳患者は雪かき用のシャベル描き、なぜシャベルを書いたのかを実験参加者に尋ねるとニワトリ小屋を掃除するにはシャベルが必要だと答えた事例を思い出してもらいたい。この分離脳患者は、右大脳半球が見たものを知らないが、右大脳半球が左手を動かして描いたシャベルを見て、理由にもなっていないような理由をでっち上げているのである。

　選択盲は脳梁が切断されていない健常者で起こる現象であるが、分離脳患者が見せた振る舞いと同じように、言語的な処理に関して劣位である側の大脳半球が下した選択について、言語的な処理に関して優位な側の大脳半球が理由をでっち上げているのではないだろうか。

　第1節に、反応時間分布が2つの反応時間分布の和になっていることを説明している。1つ目は、右大脳半球が先に処理を終えて、左大脳半球の処理を待つケースであり、もう1つは、左大脳半球が先に処理を終えて、右大脳半球の処理を持つケースである。反応時間分布からは、どちらの分布がどちらの反応時間であるのかについて調べることはできないが、両者のバランスについては調べることができる。もしかしたら、この割合は選択盲における気付くか気付かないかの割合と近いのではないだろうか。

第5節　トップダウンの注意とボトムアップの注意

　注意にはトップダウンの注意とボトムアップの注意があると考えられている。トップダウンの注意とは、われわれが自分の意志で向ける注意のことであり、ボトムアップの注意とは刺激によって勝手に向けられる注意である。

　具体例を挙げて見よう。心理学実験において、注視点を用意し、実験参加者に対して注視点を見るように指示をする。この注視点に注意を向けるのはトップダウンの注意ということになる。反対に、マジシャンが急遽手に持った赤いハンカチをひらひらと振ったとき、観客の注意は赤いハンカチに向けられることになるが、これがボトムアップの注意である。

　トップダウンの注意とボトムアップの注意は脳の左右ではなく、前頭葉や頭頂葉などの部位によって説明されているが、大脳半球が2つあることによっても説明できそうである。ボトムアップとトップダウンの注意について説明する前に、左右大脳半球の病変によって現れる障害の違いについて紹介しておく。

　複数の小さな四角形で大きな三角形を描いた場合や、小さいZという文字で大きなMの字を描いたような形を見せて記憶させ、それを思い出して描かせると、左大脳半球に障害がある患者は、四角形やZなどの小さい形を無視して、三角形やMなどの大きな形を答える傾向にあることが報告されている。また、反対に、右大脳半球に障害がある場合には、Zや四角形などの小さい形は報告できるが、大きな形は報告できない傾向が見られる。これらのことから、2つの大脳半球は、スケールに合わせて特殊化しており、右大脳半

球は大局的なスケールを扱う傾向にあり、左大脳半球はその逆であると考えられる。

　健常者であっても、左右のどちらの大脳半球に投影されるかによって課題への成績が変わることが確認されている。刺激の全体に対して回答を求めた場合には右大脳半球に刺激が投影される左視野の方がよい成績をおさめ、部分について判断させる場合には左大脳半球に投影される右視野の方がよい成績をおさめる。

　これらのことから、右大脳半球は刺激の全体、大局的なものの捉え方を得意とする半球であると見なし、反対に左大脳半球は刺激の局所的なものの捉え方が得意な半球であると見なすことにする（全人類について調べられたわけではないため、右大脳半球が局所的な情報を得意とし、左大脳半球が大局的な情報を得意とする人の存在を否定するわけではなく、仮にそう考えることにする）。

　そうすると、トップダウンとボトムアップの注意は左右の差によって説明できよう。トップダウンの注意は細かい刺激の違いを検出できるため、左大脳半球側の注意ということになり、ボトムアップの注意は大局的な情報を扱い、これは右大脳半球側ということになる。

　そもそも、注意がトップダウンであるとはどういうことであろうか。心理学は人の心を科学的に扱おうとする学問であり、科学とは客観的なものである。すると、「注意を向ける」といったとき、向けるのは誰であろうか。もし、心が向けると言えば、心を説明するための注意を説明するために心を仮定しなければいけなくなってしまう。もし注意について客観的に扱おうとするならば、トップダウンの注意もボトムアップの注意も、「向ける」ものであってはならない。

　それに対して本書の行う説明は客観的であろう。単純化してしま

うと、右大脳半球で起こった雪崩が結果としてボトムアップの注意と呼ばれるものになり、左大脳半球で起こった雪崩が結果としてトップダウンの注意と呼ばれるものになるのである。注意は、トップダウンのものもボトムアップのものも結果に過ぎず、向けたり向けられたりする類のものではなくなるのである。

　過激なことを言ったついでに、もう1つ過激なことを提案しておこう。目の細胞には、杆体細胞と錐体細胞がある。このうち、杆体細胞は、色覚には関与しないが感度が高い。暗所において形がはっきり見えても色の違いがわからないのは、杆体細胞のこの性質によっている。そして、錐体細胞は、色覚を担っている。錐体細胞は、短い波長の青に反応するものと、長い波長の赤に反応するもの、そして、中くらいの波長の緑に反応するものの3種類がある。錐体は杆体に比べて、瞳孔の中心に集中しているが、青に反応する錐体だけは幅広く分布している。

　この錐体の分布と、左右大脳半球の病変により現れる障害の違いを統合すると、1つの仮説が導ける。それは、大局的なスケールを扱う右大脳半球は、青に反応する錐体からの信号が強く入っており、局所的なスケールを扱う左大脳半球には、赤や緑に反応する錐体からの信号が強く入っているのではないかという仮説である。錐体の分布だけを根拠にするには弱い気もするので、もう1つ関連しそうな話を加えておく。

　赤は交感神経を刺激し、青は副交感神経を刺激するという説がある。この説に則って駅のホームなどの飛び込み自殺が起こるような場所や犯罪が起きやすい場所に青いライトをつけるなどの施策もとられている。さらに、左脳は交感神経を刺激し、右脳は副交感神経を刺激するという説もあるのである。これらを統合すると、青は、大局的スケールを扱う右大脳半球に刺激を与えるために副交感神経

が刺激されて落ち着くが、赤は局所的なスケールを扱う左大脳半球に刺激を与えるために交感神経が刺激されて興奮すると考えられるのである。大雑把かつ大胆すぎるかもしれないが、かなり多くの物事は、右大脳半球と左大脳半球の役割の違いによって説明できるのかもしれない。

第6節　ソマティックマーカー仮説

　判断や意思決定が必ずしも理性的に行われておらず、情動的な身体反応によって行われるという仮説は、ソマティックマーカー仮説と呼ばれている。この仮説は脳損傷患者の症例を説明するための仮説として提唱されたものであるが、健常者が情動的な身体反応によって判断を行っているという面から、アイオワ・ギャンブリングタスクを用いた実験を紹介する。

　机の上に4組のカードデッキを用意し、健常な実験参加者には、これらのカードの組から1枚ずつカードを引くように指示する。4組のデッキのうち、2組は、ハイリスク・ハイリターンであって、長期的に見れば損失を被るデッキであり、もう2組はローリスク・ローリターンで、長期的に見れば利益を得られるデッキである。実験参加者には、最終的に利益が出るようにカードを選択してもらい、課題を行っている間は、皮膚の電位反応が計測され、どのような戦略でデッキを選んでいるのかについても報告させる。すると、時間とともに良いデッキを選択するケースが増えていき、悪いデッキからカードを引くときには、良いデッキからカードを引くときよりも大きな皮膚電気反応が計測されるようになる。そして、実験参加者が報告したデッキを選ぶ戦略と成績の間には関係がなく、無意識的

な情動反応によって、悪いデッキを避けて良いデッキを選択できるようになっていったと考えられている。この仮説の面白いところは、先に体が反応し、無意識によって判断が行われ、意識はそれに気が付いていない点である。

　ソマティックマーカー仮説とは、一言でまとめると、意識よりも先に体が反応し、その反応を基に無意識的な意思決定が行われているという説である。ソマティックマーカー仮説を支持するアイオワ・ギャンブリングタスクの実験を新しいパラダイムで解釈してみよう。実験参加者は、実験開始時には4つのデッキの中からランダムにカードを引いていき、利益があれば喜び、損失があればショックを受ける。この1枚1枚の利益と損失に一喜一憂するのは局所的な物事の捉え方をする左大脳半球である一方で、1回1回の損失や利益ではなく、もっと大局的な損失や利益についての情報を大局的な右大脳半球が蓄積していく。しかし、左大脳半球と右大脳半球はそれぞれ半ば独立に働いており、右大脳半球の働きは左大脳半球には脳梁を通じて伝わる限定的な情報しか伝わらない。しかしながら、右大脳半球にも、発汗を促すような能力があり、判断の際に右大脳半球が先に処理を終えていれば、それは、言葉にならないような「なんとなく」嫌な感じによってその判断を変えるとも考えられる。そうすると、新しいパラダイムで考えるならば、体が先に気付いているというよりも、大局を見る右大脳半球は、そのマクロなルールに気付いていることになる。

第Ⅳ部　新しい自然主義心理学の発展

　第Ⅳ部では、想像の羽を広げて、二重砂山モデルをベースにして他の現象についても説明を試み、二重砂山モデルの見地から意見を述べていきたい。

第7章　ゲシュタルト崩壊

　ゲシュタルト崩壊とは、全体でひとまとまりになるものが、バラバラの個々の構成要素として認識し直される現象である。ゲシュタルト崩壊について二重砂山モデルによる説明を行う前に、認知心理学の前に行動主義心理学と平行して活動していたゲシュタルト心理学について紹介しておく。

第1節　ゲシュタルト心理学

　ブントは、心の働きを要素に分解していき、要素の1つ1つを理解できれば、心を理解できるという姿勢をとっていた。しかし、心や心の働きは、要素に分解して理解することはできないと考える学派がドイツに生まれた。これがゲシュタルト心理学の始まりである。
　心の働きを要素に還元できないことを実感できる事例を紹介しよう。たとえば、カラオケで歌を歌うとき、原曲のキーが高すぎて歌えなかったことはないだろうか。どうしても原曲にこだわりたい人は別にして、こんなときはカラオケの設定を変えてキーを下げれば歌いやすくなるだろう。われわれは、普段聴いている原曲とは異なるキーが下がった曲に対して、大した負担もなく歌うことができる。当たり前だと思われるだろうか。もし、人の心や心の働きが要素に還元できるならば、曲のメロディーは、独立した各音が並んで

いるに過ぎず、曲は音の総和でしかないはずである。そのため、もしキーを下げた場合には、曲を構成する各音がすべて変わるために、まったく異なる曲に聞こえなければならない。しかし、実際にはそのようなことはなく、曲の印象も大して変わらず、歌うことだってできるのである。エーレンフェルス（C. V. Ehrenfels, 1859-1932）は、音楽のメロディーは、構成している音の要素をただ集めたものとは異なることを主張して、全体的な枠組みにあたるものをゲシュタルトと呼んでいる。

　和音についても考えてみよう。C というコードは、ド、ミ、ソの3音から成り立っており、Cmaj7 というコードは、ド、ミ、ソ、シの4音から成っている。主観的な印象でしかないが、C というコードは、非常に安定したイメージであり、Cmaj7 はなんだかオシャレなイメージである。コードと印象の関係に異議を唱えたい方もいるかもしれないが、今回重要なのは、印象の内容そのものではないため、このまま話を進める。Cmaj7 コードのド、ミ、ソ、シには、C コードのド、ミ、ソが含まれているため、C コードにはないCmaj7 コードのオシャレなイメージは、差分のシが作り出していることになる。しかし、シだけを聞いてみてもオシャレな印象を受けることはない。つまり、コードなどの和音も、独立したいくつかの音がただ集まったというだけではなく、いくつかの音が集まって初めて、全体として何かの印象が発現していると考えた方が適切だろう。

　次に、ゲシュタルトを視覚的に体験できる事例を挙げておこう。ゲシュタルト心理学では、複数の刺激をまとめて知覚する性質をプレグナンツの法則と呼んでいる。たとえば、

‖　　　‖　　　‖　　　‖　　　‖　　　‖　　　‖　　　‖　　　‖

という縦線の刺激を見ると、近接する線同士が1つのグループになっているように見え、遠くにある2つの線はグループに見えづらくなる。次のような刺激を見ると、

□□■■□□■■□□■■□□■■□□■■□□■■□□■■□□

黒い四角2つのグループと、白い四角2つのグループが繰り返されているように見え、白い四角と黒い四角のグループが繰り返しているようには見えづらくなる。

　また、カッコの場合には、近接しているもの同士よりも、互いに閉じている部分がグループとして見えやすい。

[　][　][　][　][　][　][　][　][　][　][　][　][　]

　このような性質は、たとえば、ヒューマンインタフェースやWebの画面デザインを設計する際に考慮に入れられている。

　印象派の絵画や、点描によって描かれた絵画は、ブントの還元的な考え方に従うならば、色が異なる点の集合に過ぎない。われわれは、それにもかかわらず背景や人物を見ることができ、描かれている人物の心の動きにまで思いを馳せることができる。これは、物事を全体として捉えるゲシュタルトのような働きがなければ、説明することはできない。

　ゲシュタルトと聞くと、ゲシュタルト心理学よりもゲシュタルト崩壊を思い浮かべる人の方が多いかもしれない。ゲシュタルト崩壊とは、全体性を持ったまとまりのある構造から形が崩れて、個々の構成要素に切り離されて認識され直してしまう現象のことである。

たとえば、「多」という文字をじっと見続けると、「夕」が２つ並んで見えるようになったり、２つの凧が並んで飛んでいるようにも見えたりする。ゲシュタルト崩壊は起こりやすい人と起こりにくい人がいるようで、読者の中には、ゲシュタルト崩壊を起こさない人や、違った見え方をする人がいるかもしれない。なお、ゲシュタルト崩壊がなぜ起こるのかは、未だ明らかにされてはいない。

第２節　二重砂山モデルによるゲシュタルト崩壊の説明

　二重砂山モデルの振る舞いによってゲシュタルト崩壊を説明する。まずゲシュタルト崩壊を起こしやすい文字刺激が呈示されたとしよう。そうすると、右大脳半球も左大脳半球も、この刺激を処理するために格子形状を決定する工程に移る。そして、どちらかの大脳半球で雪崩が起きると、もう片側の大脳半球の処理が中断され、先に雪崩を起こした側の大脳半球に現れた雪崩のパターンに対応した認知なり知覚がなされる。もし、実験参加者の左大脳半球が文字刺激の処理が得意であり、右大脳半球に文字を処理する能力がなければ、左大脳半球の格子形状は三角格子的であり、反対に右大脳半球の格子形状は六角格子やそれ以上のはるかに密な状態になることだろう。そのため、われわれは文字刺激を見ると、文字刺激を処理できる左大脳半球に知覚や認知の決定権が与えられ、生活に支障をきたさなくて済むのである。

　しかし、三角格子が常に先に処理を終えられるわけではない。確率的には六角格子の方が先に処理を終える場合もあるし、それ以上に密な場合でも、ごく稀に密な方の格子で先に雪崩が起きることもあるのである。すると、実験参加者の表象に浮かぶのは、文字刺激

を模様として認識したものになり、ゲシュタルト崩壊が起こるのである。

　第Ⅲ部第7章第5節のトップダウンの注意とボトムアップの注意において、左大脳半球は局所的な情報を扱うのが得意で、右大脳半球は大局的な情報を扱うのが得意なのではないかと書いたが、これもゲシュタルト崩壊を起こす原因の1つであろう。本来大局的に捉えるべきところを、たまたま局所的に捉えてしまった場合や、反対に局所的に捉えなければならないところを大局的に捉えてしまった場合には、やはりゲシュタルト崩壊のような現象を起こすことになるであろう。

第8章　問題解決と創造性

　第8章では、ワラスの問題解決と、ギルフォードの収束的思考と発散的思考について説明し、人工知能研究においてキーとなりそうな知性の創発について考えてみたい。

第1節　ワラスの問題解決

　ワラス（G. Wallas, 1858-1932）によれば、問題解決には4つの段階がある。まず、1つ目の準備期では、創造的な仕事をしようと決意し、必要な資料を集めたり一生懸命に考えたりして、周到に準備をする。2つ目のあたため期では、いったん問題から離れて、無関係なことを行うが、無意識下において創造的な思考が継続しており、準備期のアイデアが卵のようにあたためられる。3つ目のひらめき期では、突然に創造的なアイデアを確信を持って思いつく。最後に4つ目の検証期では、ひらめいた考えが妥当かどうか吟味し、実行に移す。このようにしてひらめきが起こるのである。

　では、この現象を二重砂山モデルによって説明してみよう。1つ目の必要な資料を集めたり一生懸命に考えたりする準備期は、刺激を入力して両方の大脳半球において格子形状を形成しては雪崩を起こさせる活動であり、2つ目のあたため期は様々な格子形状を馴染ませる時期である。具体的なイメージを持ちたければ、虚偽記憶に

おける DRM パラダイムの説明をもう一度読むとよい。1つ目の準備期とはすなわち、サッシやカーテンについて記憶する時期であり、2つ目のあたため期は、記銘から想起テストまでの時間である。そして3つ目のひらめき期では、実際には覚えていない単語に相当するひらめきを、突然に確信を持って思いつくのである。ひらめき期に辿り着くまでにも小さな雪崩は起きたかもしれないが、これらはおよそ試行錯誤として切り捨てられ、結果として大きな雪崩として現れたパターンがアイデアとして採用されるのであろう。第4期の検証期については、二重砂山モデルによる説明を行う対象ではないので省略する。

第2節　ギルフォードの収束的思考と発散的思考

　次に、ギルフォード（J. P. Guilford, 1897-1983）の収束的思考と発散的思考について説明する。ギルフォードは、第二次世界大戦中にアメリカ空軍から爆撃機のパイロットを選ぶように依頼されて、自らの心理学的な知見を基に候補者を選んだが、選ばれた候補者は全員撃墜されてしまった。一方、退役している元空軍の司令官が選んだ候補者たちは、生き残っている確率が高かった。ギルフォードが選んだ候補者と、元空軍司令官が選んだ候補者の違いこそが、創造性に関する点であった。ギルフォードが選んだ候補者たちは、マニュアル通りに行動するタイプの人たちであり、元空軍の司令官が選んだ候補者たちは、マニュアルにない誤った回答をする人たちだったのである。敵軍は、こちらのマニュアルにすでに気付いており、マニュアル通りの判断を行った場合には、待ち伏せされて撃墜されていた。ギルフォードは、この経験から想像性についての研究

に熱中し、正解を導くための収束的思考と、多くの解決策を模索する発散的思考を分けて考えることにし、発散的な思考の能力を測るための「レンガテスト」を考案している。レンガテストとは、一定時間内に、レンガの変わった使い方をできるだけ多く考える課題である。

　この収束的な思考と発散的な思考について、二重砂山モデルによる説明を試みる。二重砂山モデルでは、大局的なものの捉え方をする右大脳半球と、局所的なものの捉え方をする左大脳半球が互いに牽制し合っている。そして、ある課題が与えられたとき、右大脳半球と左大脳半球は同時に答えを探し始める。右大脳半球は大局的に物事を捉えて回答を用意し、左大脳半球は局所的な回答を用意する。そして、左大脳半球が先に回答を見つければ、右大脳半球は半球間抑制によって抑え込まれて局所的な回答が得られ、これは収束的な思考にあたるだろう。反対に右大脳半球が先に回答を見つければ、左大脳半球は抑制されて大局的な回答が得られることになる。この大局的な回答は、一見論理的には見えないようなぶっ飛んだ回答になるだろう。これが発散的な思考にあたると思われる。

　このようなダイナミクスを前提としたとき、発想法も改変できよう。ブレインストーミングなどは複数人で行う発想法であるが、ここでは、1人で発想する方法について考えてみよう。

　収束的な思考にしろ、発散的な思考にしろ、無から新しい発想や答えを生み出せるわけではないので、ワラスの言う準備期は必要である。ここでは、回答を得たい分野だけではなく、その周辺や、無関係なものに関しても情報を収集しておくことを勧める。まず、収束的思考を行いたい場合にどうしたらよいだろうか。その場合には、左大脳半球が先に処理を終えられるような環境を整えればよい。そのためには、物事を局所的に捉えられる条件を整える。たとえば、

４ｋや８ｋのテレビなどのように細かいところまでしっかり見える状況を整えたり、交感神経が刺激される赤色を多用したり、速い心拍音を聞いて、自分の心拍が速いと勘違いしたりすればよい。すると、課題に対して出てくる回答は局所的なものが出やすくなるだろう。反対に発散的な思考を行いたい場合には、右大脳半球が先に処理を終えられるようにすればよいため、物事を大局的に捉える条件を整える。たとえば、水をたくさん飲んで尿意を催した状態で考えたり、青系で描かれた印象派の絵画を見ながら考えたり、感動の名作を見て散々泣いてから考えたりすればよい。つまり、副交感神経を優位にさせてから思考を巡らせるのである。

　ここに記載している内容は、もしかしたら科学的ではないかもしれないが、本当に困っている場合には騙されたと思ってやってみてもいいだろう。もしうまくいかなかったとしても大した不利益はないのだから。

第３節　知性の創発

　ここでは、知性の創発について述べる。知性とはいったいなんだろうか。人工知能はチェスや将棋、囲碁において人類のトップに少なからず勝ってしまっている。これは、人工知能の知性が人間の知性を超えたということを意味するのだろうか。しかし、著者の求める知性とは、どちらかと言えばもっと生々しいものを想像しており、現在の人工知能が発揮できる知性は、本節で言う知性とは異なる。

　人工知能の知性と聞いたとき、人工知能分野の研究者でもない限り、鉄腕アトムやドラえもん、キテレツ大百科のコロ助のような知性を想像することだろう。実際にはドラえもんは間が抜けているか

もしれないし、コロ助の IQ は低いかもしれないが、人間らしい知性を求めてみることにする。

さて、人間の知性とは何だろうか。特定の状況に対して、特定の行動を起こせることが知性だというならば、これは人工知能がすでに獲得している知性である。人間の知性とは、特定の状況において、次善解や三善解を試してみたり、ときに明確な誤りだと思われる解を試してみたりして、思いもよらないような結果を招くことではないだろうか。人間の知性とは何なのか定義することは難しいが、本書においては、このようなものを人間の知性と呼ぶことにする。

すると、二重砂山モデルは人間の知性を説明できる。特定の状況に至ると、右大脳半球と左大脳半球がそれぞれ格子形状を決定し、どちらかの大脳半球の格子形状が疎で、もう一方の大脳半球の格子形状が密になったとしよう（両方の大脳半球の格子形状が同じ程度に疎や密であることは、むしろ稀ではないか）。すると、多くの場合は、その状況を得意とする大脳半球が先に雪崩を起こすため、最適解や、次善解、三善解が想起されることになる。しかし、その状況を不得意な側の大脳半球が先に処理を終えた場合には、その解は最適解からは程遠いものになることだろう。これが、明確な誤りだと思われる解であっても、時に思いもよらない結果を生み出すのである。

右大脳半球と左大脳半球の性質の違いについて、右大脳半球は大局的なものの捉え方をし、左大脳半球は局所的なものの捉え方をすることを踏まえているが、局所的な細かいところに集中していたところに、ゲシュタルト崩壊が起こるように大局的な捉え方が突然できたとしたら、それは目から鱗が落ちる体験かもしれないし、ひらめきのように感じるかもしれない。

現在の心理学は人をコンピュータと見なして研究を進めており、心理学関連分野においてもこの傾向がある。そのため、たとえば汎

用人工知能の制作を目指し、脳の機能と呼ばれるものを1つ1つモジュールとして構成して、それを統合したときに知性が現れることを期待する声も聞こえてくる。しかし、著者はこの活動に懐疑的であり、モジュールを寄せ集めても知性は生まれないと考えている（そもそも、モジュールを繋ぐ統合の処理はどうするのだろうか？）。知性とは、ある処理が得意な片割れと、その処理は苦手だが別の処理を得意とするもう片割れが、競争して意思決定を行うときに創発するのである。

第9章　個性

第1節　認知特性

　人によって出来事の感じ方や見方、捉え方が異なり、時には、同じ人間とは思えないほどに理解し合えないこともある。これらの違いはどこからくるのであろうか。

　人には何種類かのタイプがあるらしい。これが認知特性である。1つ目のタイプは、物事を写真のように記憶する視覚優位のカメラアイタイプ、2つ目は、物事を映像として記憶する視覚優位の三次元映像タイプ、3つ目は、言語を見るのが得意で言語を映像化したり、映像を言語化したりするのが得意な言語優位の言語映像タイプ、4つ目は、言葉を見るのが得意でわかりづらい文章を図式化するのが得意な言語優位の言語抽象タイプ、5つ目は、言葉を聞いたり、フレーズや歌詞を覚えるのが得意な聴覚優位の聴覚言語タイプ、最後の6つ目は、言葉を聞くのが得意で音感がよい聴覚優位の聴覚音タイプである。心理学に向いているのは、4つ目の言語抽象タイプであるが、残念ながら著者は三次元映像タイプらしい。

　従来の心理学の理論や研究を見ていると、心理学者が言語抽象タイプであることを強く感じる。認知心理学が仮定している心的過程という過程は正に抽象的な過程であって、三次元映像タイプの著者にはイメージすることもわかったつもりになることもできなかった。

しかし、映像として想像できないものは理解ができない著者からすれば、心的過程というものは脳や神経的な過程であると考えれば想像することもでき、神経細胞のダイナミクスとして人の振る舞い等を考えようとしたのが、二重砂山モデルの発端である。

　日本心理学会のポスターセッションや、日本認知心理学会のポスターセッションを見に行くと、心理学者が言語抽象タイプであることを痛感できる。なぜならば、ポスターに占める文字の割合が非常に大きいからである。仮に図やグラフがあったとしても、それは検定の結果を描画したものである。それに対して著者の発表やポスターはほとんどが絵かグラフであって、文字による説明は少ない。そのため、同じ日本に居ながら異国の地に降り立ってしまったような感覚にさえなった。認知特性の考え方によれば、わかりやすくするために絵やグラフがメインになる資料を作ったつもりが、聴衆の認知特性には合わなかったためにまったく伝わらない資料になっていた可能性さえある。

　一緒に仕事をする上司と部下の認知特性が合わなかった場合には、悲惨なことになりそうである。三次元映像タイプの人には、抽象言語タイプの話は意味不明に聞こえるだろうし、抽象言語タイプの人には三次元映像タイプの話は言葉が足りず、もどかしい思いをするかもしれない。しかし、互いの認知特性がわかっていれば、衝突は減らせるかもしれない。

　それでは、認知特性はどのように生じるのであろうか。遺伝であろうか、経験であろうか。その両方であろうか。二重砂山モデルによって説明を試みてみることにしよう。生まれたての赤ちゃんは、視覚の情報を受けて必ず後頭葉が賦活するわけではなく、音を聞いたからといって必ず側頭葉が賦活するわけではない。これらの活動は徐々に自己組織化されていき、最終的には、視覚は後頭葉、聴覚

は側頭葉が賦活するようになっていくらしい。これは人に共通する仕組みであるため、視覚は後頭葉が賦活し、聴覚は側頭葉が賦活するようなバイアスがかかっているのかもしれない。何にしろ、脳部位と機能が自己組織的に獲得されることが重要である。初期状態を作り出す遺伝的な要因はあるにしても、自己組織的に脳部位と機能が獲得されるのであれば、各機能の得意不得意も自己組織的な性質に依存するのではないだろうかというのが、本書の指摘である。すると、小さい頃に視覚情報に多く触れ、視覚を頼りに成長した子供は、視覚優位になりやすく、言語に多く触れ、言語をよく使った子供は言語優位になるのではないだろうか。

　二重砂山モデルでは、刺激が入ってくると、2つの砂山モデルの格子形状が決定されて雪崩が起きる。そして、雪崩は受けた刺激に対応するパターンを記憶する。記憶されたパターンは、六角格子よりは三角格子のようになり、他の部位や他のパターンよりも雪崩を起こしやすくなるのである。最初のうちは、あらゆるパターンの生起確率に差はないにしても、徐々に自己組織化が進むと、あるパターンは発生しやすく、あるパターンは発生しにくくなるだろう。一度発生しやすいパターンになれたパターンは、スパイラル的に強化され続けることになる。これが認知特性における得意な部分になるのであろう。そういえば、著者は子供の頃にあまり本を読まなかった。認知特性は、二重砂山モデルによるならば、機能の自己組織化によって発生するのである。

第2節　うつ病気質と創造性

　うつ病の人は、優柔不断になってしまい、あらゆる判断に時間が

かかるようになり、何をするにも確信が持てない。さらに、記憶する能力も低下してしまう。これは二重砂山モデルにおける、六角格子のような密な状態に対応している。つまり、二重砂山モデルを用いてうつ病を説明するならば、あらゆるパターンが密なネットワーク上で生成されていることになる。すると、うつ病の症状が現れるのは、大脳皮質上に現れる現象ではあるが、元を探れば刺激と大脳皮質の間にある格子形状を決定する器官ということになる。

　一方、うつ病気味の人は、時折突飛な発想をすることが知られている。発想と一口で言っても、収束的な思考と発散的な思考の２つがあるが、後者の方である。発散的な思考は、二重砂山モデルにおける「処理が不得意な側の大脳半球が下した判断」であるが、うつ病の人の場合には、右大脳半球も左大脳半球も処理が不得意な状態であるため、ノイズに埋もれてしまうような怪しげなパターンしか生じないことになる。健常な人には思いつかない怪しげな発想は、ある意味では、とてもクリエイティブなものに見えるであろう。

　それでは、健常者がクリエイティブな発想をしようとしたら何をしたらよいであろうか。そのヒントは、符号化特殊性原理にある。たとえば、毎日同じ部屋の同じ机について仕事をしており、行き詰まったとしよう。何度考えても同じような発想しかできなくなった場合、トイレに行ってみたり、外を少し歩いてみたりして気分転換をしたり、同僚や友人と話をしてみたりするかもしれない。その後で、もう一度自分の机に戻って考え始めてはいないだろうか。これは、気分転換の効果をあえて消してしまっているのかもしれない。二重砂山モデルにおける格子形状は、今この場で受けているあらゆる刺激や、数分前、数秒前に扱った刺激の影響を受けているのである。そうすると、いつもの場所でいつもの机の上で、いつもの椅子に座って考えることは、毎回同じになってしまう。いつも同じ手が

かりが与えられているので、いつもの記憶が想起されるに過ぎないのである。そこで、新しいことを発想したければ、いつもと異なる場所で、異なる服装で、異なる姿勢で考えてみるといい。そのときには、まとめかけている資料にも目を通してはいけないのである。

第3節　左右のバランスとプレゼン資料作成

　プレゼン資料の作り方を調べると、大抵は、「全体像を示してから詳細な話題に入る」ことを勧めているが、実際にそのように作るのは難しい。その一方、全体像が先に示されるプレゼン資料を好む人も確かにいるが、最初から細かい内容を聞きたがる人も少なくない。

　プレゼンにしろ、企画にしろ、全体像として面白いテーマがありながら、詳細まできっちり詰められているものが望ましいが、実際には、細かいところまでよく詰められているが、結局何が言いたいのかわからない場合や、何か面白そうなことを言っているように見えるものの、細かいところを見ると全然詰められていない場合が非常に多いように思われる。全体像と局所のバランスをとることは難しい。

　二重砂山モデルでは、全体像と局所のバランスは、右大脳半球と左大脳半球のバランスによって説明される。二重砂山モデルでは、刺激が与えられると、まず左右の大脳半球で格子形状を決定する過程を経て雪崩を待つことになる。そして、各大脳半球は認知特性が発生するように自己組織的に強化されているため、得意不得意が生まれている。たとえば、文字刺激を処理しようとした場合には、左大脳半球がその処理を得意とするために左大脳半球において雪崩が

起きやすくなっている。すると、文字によって資料を作ろうとすると、どうしても左大脳半球が働く比率が高くなるため、局所的な見方、局所的な作り方になってしまうのである。反対に、図や絵を多用して資料を作ろうとすれば、右大脳半球が処理を行う確率が高くなるために、全体像はまとまったものができるかもしれない。

　それでは、プレゼン資料の作り方を組み立ててみよう。まず、最初に行うべきなのは、全体像の構成である。この工程では、局所的な思考よりも全体像を優先した方がよいため、絵や図を駆使してストーリーを考えるとよいだろう（人によっては文字刺激を大局的に捉える人もいるかもしれない）。そして、全体像が組み上がったならば、今度は文章を書きながら詳細を詰めていくのである。できあがったものは洗練させなければならないが、第1版の資料を作るときには、この方法が使えるのではないだろうか。

第10章　人の集団

　これまで、多数の神経細胞によって成り立っている人の脳をモデル化し、そのモデルを基に心理学的な現象を解釈してきた。これは、神経細胞が持つミクロな法則を簡素化してモデルに落とし込み、複雑系のアプローチで神経細胞が多数になったときの性質をシミュレートし、その結果を用いて人の性質というマクロな振る舞いを記述するという流れであった。では、見ていくスケールを変えて、神経細胞の位置に個人個人の人を入れ込んだ場合を考えてみよう。そうすると、人の脳に対応するのは、人の群衆が作り出す社会に相当するだろう。本章では、社会を人の群衆だと解釈した場合に、社会学や社会心理学が扱う現象がどのように記述できるのか見ていく。

　元々は物理学のモデルであったが、現在では社会学にも適用され始めているイジングモデル（Ising model）で社会を記述してみよう。イジングモデルを人の群衆に当てはめて簡単に説明すると、個人個人の意思決定は、隣接する周囲の人の意見によって決まるというモデルである。読者の中には、1人1人自分の考えを持って、自らの自由意志に基づいて判断し、選択を行っていると考えたい人もいるかもしれないが、人の判断が周囲の影響を強く受けること自体は、心理学の実験によってすでに明らかにされている。考えられる力は2つあり、1つ目は、同調圧で、2つ目は情動伝染である。同調圧はアッシュの実験によって確認されている。6人のサクラとともに席に着いた実験参加者は、3枚のカードを見せられる。3枚の

カードにはそれぞれ線分が描かれており、そのうちの1枚は基準となる線分である。そして、実験参加者は、呈示された残りの2枚のうち、どちらのカードに基準のカードと同じ長さの線分が描かれているのか尋ねられる。前もって実験者に同じ問いを出した場合には、100％に近い正解率を出せるにもかかわらず、実験参加者より先に他のサクラが回答し、そのうちの5人が誤ったカードを選択した場合には正解率がぐんと下がるのである。このような周囲に合わせて、本来ならばしないような選択を行わせる力を同調圧と呼ぶ。もう一方の情動伝染とは、他人の感情を知覚すると、即時的に無自覚に自分自身もその感情を抱いてしまうことを言う。2012年にはソーシャルメディアのFacebookを使った情動伝染実験が行われ、ソーシャルメディア上でも情動伝染が起こることが確認されている。

　それでは、これらの力を想定して、イジングモデルに制約を与えていこう。同調圧にしろ、情動伝染にしろ、相手に対して自分と同じ意見や感情を抱かせるものであって、他者から自分に対しても同様である。そのため、イジングモデルの各構成要素が行う判断には「自分の次の意見や感情は、周囲の人の意見と同じ意見であったり、同じ感情になったりする」という条件を加える。これだけで、人の社会で起こるいくつかの現象を小難しい理屈なしに説明するだけのモデルになってしまうのである。

　では、どのような現象を説明しようか。暴動が起こる原因を個人個人の資質に求める考え方があるかもしれないし、政権が長く続かないことを根拠に、政治家の劣化を指摘しようとする人がいるかもしれない。しかし、暴動や政権の存続期間は、実は、個人の資質や政治家の資質に言及することなく、再現が可能な現象なのである。では、先ほどのイジングモデルを用いて説明してみよう。

　まず、暴動について説明する。暴動については、グラノベッダ―

の閾値モデルが有名であり、このモデルを拡張したモデルも多数ある。閾値モデルでは、個人個人には、暴動に参加するか否かの閾値という値があり、暴動に参加している人数がこの閾値を超えると本人も暴動に参加するというモデルである。このモデルでは、2つの似通った町の片方では暴動が起き、もう片方では暴動が起きなかった理由を説明することができる。たとえば、次のように。

　ある町の構成員の閾値が、1，2，3，4，5，6 … だった場合、誰かが暴れ始めると、閾値が1の人が次に暴動に加わり、暴動の人数が2になる。そうすると今度は閾値が2の人がさらに暴動に加わり人数が3になり、… という具合で、町民の全員が結果として暴動に参加することになる。もう一方の町の構成員の閾値が、1，2，4，4，5，6 … だったとしたら、仮に誰かが暴徒化したとしても、暴動に参加する人数が4に至ることがないため、大規模な暴動には発展しない。個人に閾値があると考えるのも次のような説明があれば、さらに説得力を増す。「人には、すぐに怒り出す気が短い人もいるが、ガンジーのように辛抱強く暴力に訴えない人もいる。だから個人個人には閾値がある。」一方、閾値モデルでは、すべての人はすべての人の挙動を把握しているという、おかしな前提を持っている。

　ここで問題なのは、閾値モデルは現象を説明できても、暴動が起こるのを推進したり、防止したりする力を持たない点である。閾値モデルは、科学に求められる力として、説明するだけではない、予測する力や制御する力を持たないのである。

　これをイジングモデルで解釈しようとするならば、同調圧や情動伝染の強さに関するパラメータを変化させながら、暴動が起こるパ

ラメータと起こらないパラメータを探ることから始める。同調圧は、赤の他人よりも、身近な人の方が強く、情動伝染も他人よりも知人や友達の方が起こりやすいことが知られているため、同調圧や情動伝染に関わるパラメータは、人間関係の強さを表すものだと考えて差し支えないだろう。このパラメータが大きければ、家族のような繋がりであって、小さければ赤の他人ということになる。イジングモデルでは、このパラメータが大きいとき、すべての構成要素が同一の方向を向くこと、また反対にパラメータが小さければ向きはランダムになり、全体として何の性質も示さないことが知られている。さらに、このパラメータが中途半端なところにあると、すべての構成要素が一斉に同じ方向を向いたかと思えば、またすぐにバラバラになり、今度は真逆の方向に揃うこともある、とても不安定な状態になるのである。

　暴動に関して言えば、状態が不安定になるパラメータにあると説明できるだろう。最初は誰も暴徒化していないが、誰かが暴徒化すると、その周囲にいる人が暴徒化する確率が上昇する。赤の他人であれば見て見ぬふりもできるが、仲の良い友達や知人であれば、同調圧や情動伝染の力が強く、自らも暴徒化してしまうかもしれない。そして、そのような確率的な振る舞いによって暴徒の数が増えたり、減ったりしながら結果として大きな暴動になったりするのである。このシミュレーションの結果から暴動を防ぐ手立てを考えるならば、暴動が起きそうな集まりやデモに参加している人たちの人間関係の強さを見積もればいい。家族で参加するような催し物なのか、それとも、個人個人がバラバラに参加するものなのか、普段は赤の他人であるが、同一の目的のもとに集まったものなのか。集まりやデモの性質から見積もってみよう。そして、この繋がりが中途半端な場合には、その集まりにまったく興味を示さない「逆サクラ」を多数

導入して、人間関係の強さを薄めれば、暴動に発展する確率を下げることができるかもしれない。

　次に政権の存続期間について説明する。これもイジングモデルによって説明可能な現象である。政権の存続期間というと曖昧になりそうなので、首相の在職期間に注目してみよう。日本の首相の在職期間を調べ、それを累積分布に起こすと、在職期間が短い領域では累積値と在職期間の間に指数分布の関係を見出すことができ、在職期間が長い領域ではベキ分布の関係を見出すことができる。これとイジングモデルを対応づけるために、イジングモデルにおける全体としての意見が反転するまでの期間を、パラメータを変えながら調べて行くと、首相の在職期間の分布と同じような指数分布とベキ分布を繋げたような分布が得られるパラメータ領域を発見できる。これは、不安的な領域よりも少しランダム寄りのところである。

　この結果から導けることとしては、首相の存続期間を長くしたければ、人間関係の強さを上げるような策、たとえば、労働市場の流動性を下げたり、転勤を抑制させたりするなどをすればよく、また反対に短くしたければ真逆のことをすればいい。専門家に言わせれば、政策や外交問題、首相のカリスマ性などを出して説明したがるかもしれないが、統計力学の思想を当てはめて解釈すれば、それらの要因は、（影響がないとは言わないが）なくても現象を説明し得ると言えよう。

第11章 意　識

　人の集団について考察したので、次に意識についても考えてみたい。人の集団と意識の関係がまったく見えないと思われるかもしれないが、これらは実は、密接に関わっている。謎かけはこれくらいにして、意識について論じてみよう。

　アラン・チューリングは、ある機械が知的であるかどうかを判定するテストとして、チューリングテストを提案した。現在においてチューリングテストを行うのは非常に簡単である。たとえば、コンピュータネットワーク上のリアルタイムコミュニケーションのチャットを用いて、判定者である人間に対して本物の人間や機械と会話を行わせる。人間も機械も自らが知的に見えるように振る舞うのであるが、判定者である人間が人間と機械を区別できなければ、その機械は知的であると判定するのである。

　ジョセフ・ワイゼンバウムは1960年代にELIZAを発表した。ELIZAは、入力されたテキスト情報に対して自然言語解析と単純な条件分岐を用いて回答文を用意する。ELIZAはセラピストのように振る舞うよう作られたのだが、実際にELIZAと会話をした人は、ELIZAが人間でないことを信じられないという人もいるくらいで、ELIZAはチューリングテストを通過できるソフトウェアであると主張されていた。

　近年では、ELIZAよりもはるかに高度なソフトウェアが多数ある。たとえばTwitterなどのボットの中には、自然言語解析と確率

モデルを駆使した人工無脳などもあり、これらはチューリングテストに悠々と合格してしまうことだろう。もしかすると、生身の人間が発する文章は、人工無脳と大差がないのかもしれない。われわれ人間は、自分が会話している相手が本物の人間なのか、それとも人工無脳のような機械なのか、判別することができないのである。

　さて、意識について論じる場合に避けては通れないものに、ゾンビ問題がある。われわれは自分自身の体験として「意識」を感じており、意識はあるものだと心の底から信じている。それでは読者の隣にいる人には、本当に意識はあるのだろうか。同じ人間なのだから自分自身と同じように意識があるに違いないと思うかもしれないが、実は隣の人に意識があるか否かについて検証すること不可能なのである。

　もし、隣にいる人が実は精巧なアンドロイドか何かで、外側から見たら人間と区別ができないような自然な振る舞いを見せていたら、われわれはそれがアンドロイドであることに気が付かないだろう。ELIZA ですら知能を感じさせるのだから、このような日はそう遠くはない。

　話題を意識に戻すと、二重砂山モデルは人の脳を極度に単純化したモデルであると考えられる。もし、意識が、神が与えた物理法則の外にあるものでないならば、二重砂山モデルにおいても意識が生じるはずである。

　二重砂山モデルにおける意識とは、端的に言うと、雪崩のパターン、これは雪崩に関わった神経細胞の組み合わせにあたるが、このパターンに相当する事象が意識で感じているものである。赤く着色されたイチゴの匂いのするシロップをかけた氷を食べるとイチゴ味に感じることをクロスモーダル現象として紹介したが、イチゴ味を体験しているときに大脳皮質で起こっている雪崩のパターンが意識

なのである。とはいえ、あらゆる雪崩がすべて意識だとは考えない。脳の中にはノイズが溢れており、信号とノイズの区別は、ほとんどつかないことだろう。ただ、結果として大きかった雪崩や持続時間が長かった雪崩が意識として感じられるのである。

　二重砂山モデルから想定される意識は、脳になんらかの影響を与えるものではなく、頭の中で起こった現象の結果に過ぎない。これは人を科学的に捉えるならば普通のことのように思えるが、どうやら受け入れられない人たちもいるようである。意識が脳に影響を与えて行動を起こすという方が直観的なのであろうか。

　さて、本章の冒頭で人の集団について触れた。これは神経細胞の集団である大脳皮質に意識が宿るのであれば、人の集団である社会に意識が宿っても不思議はないと考えられるためである。ソーシャルメディアを考えてみると、たとえば、アメリカの大統領が経済に関する重大な意見を述べたとしよう。すると、経済に関心のある人たちはソーシャルメディア上で活発に意見を発信することだろう。これは数多くの神経細胞の中で、入ってきた刺激を処理するために必要な神経細胞の集団が選択されることと対応づけられそうである。そして、ある人の発言は、ほとんどの場合には誰の目にも留まらず何も起こさないが、時折、大規模な炎上を引き起こしたりもする。これはおそらくベキ分布に近いことであろう。

　個人を考えたとき、指を針で刺せば、痛みに関する雪崩のパターンが生じ、甘いお菓子を食べれば、甘味に関する雪崩のパターンが生じるだろう。これと同様に、社会に対して経済的な事件が起これば、経済に興味を持つ人たちが砂山モデルにおける格子を作り上げ、その上で雪崩を起こす。そして、食べ物に関する事件が起これば、食べ物に興味を持つ人たちが格子を作り、その上で雪崩を起こすのである。

　もしかすると、お金の動きにも意識が生じているかもしれない。大規模な移動はごく稀であり、小規模の動きがそのほとんどを占めるであろうし、おそらく移動の総量と数の関係をとれば、ベキ分布になることだろう。そして、特定のイベントが起これば、関連する人や組織のお金が動き、また別のイベントが起これば、別の組織や人のお金が動く。お金の移動のパターンと、そのときに起こった事件は、意識として繋げられるのではないだろうか。

　人が体験している内容と、雪崩のパターンが紐づくと考えるならば、社会が経験している内容と、活発に議論し合う人たちのパターンを紐づけて考えることもできよう。自分自身に意識が生じていると感じられる一方で、各神経細胞が人としての自分自身の意識を感じられないように、社会には意識が生じている一方で、構成要素たる個人個人はその意識を感じられないのではないかとも思える。

第12章　思い込みと振り込め詐欺

　人の意思決定には、周囲の環境や入ってくる刺激だけでなく、周囲の人々によっても大きく左右される。これを巧みに悪用しているのが振り込め詐欺であろう。

　典型的な振り込め詐欺では、昼下がりに突然電話がかかってくる。誰かしらと電話に出てみると、息子を称する相手から携帯電話機をトイレに落としたために壊れてしまい、電話番号が変わった旨の連絡を受ける。親とは多かれ少なかれ子供の情けないところや、みっともないところを見てきているため、ありえそうな話だと聞き入れてしまう。そして、次の日の同じような時間帯に昨日聞いた電話番号から電話が入る。この電話番号は息子であると思って電話に出た時点で、被害者の大脳皮質における格子形状はすでに決定してしまっているのである。一度、相手が息子であると思ってしまうと、なかなか思い込みから逃れることはできない。

　一時期、劇場型と呼ばれる振り込め詐欺も流行っていた。この詐欺では、登場人物が増える。痴漢や交通事故を起こした息子役と、駅員さんや警察官、さらには弁護士が登場する。電話を受けた被害者は、思い込みを植えつけられた挙げ句に、同調圧や情動伝染が複雑に絡み合った状態に引きずり込まれることになるのである。

　それでは、思い込みに囚われた人を助けるにはどうしたらよいだろうか。一昔前は、被害者は銀行でお金を振り込んでいたため、警察官や銀行員が振り込め詐欺を発見して、振り込みを止めるという

試みをしていたと思われるが、警察官や銀行員は、実は振り込め詐欺の加害者が作り上げた世界観と整合するキャラクターなのである。そのため、被害者の頭の中の格子形状を変えるには至らず、思い込みを正すことが難しい。銀行員が必死で止めても、警察官が必死で止めても、振り込みを決行してしまった被害者が数多くいることが知られている。

　二重砂山モデルをベースに考えるならば、思い込みを壊すためには、被害者をまったく別の文脈に落とし込むことが重要になる。被害者を海や山につれて行ったらどうだろうか。実際につれていけなければ、ヘッドマウントディスプレーを使って、疑似的に海や山につれて行ってはどうだろうか。一度、思い込みの枠を無理やりにでも外してしまい、それから振り込め詐欺に遭っていることを説明したならば、聞く耳を持ってもらえるのではないだろうか。

おわりに

　本書では、自然法則に従う人間のモデルとして二重砂山モデルを構築し、このモデルを用いて様々な心理学的な現象に対して説明を与えてきた。そして、考え方を応用して人の集団の性質にまで説明を与えている。最後に、自然法則に従う人間モデルによって説明を行う本書のパラダイムと、従来の心理学である認知心理学の間にある大きな違いについて述べておきたい。

　認知心理学は、人が行う処理を心的過程と呼び、コンピュータやその他のメタファーによって表現する。そして、1つ1つの現象に対して、異なる研究者がそれぞれ独自の説を提案しているため、玉石混交であるし、場当たり的になっている。記憶をハードディスクと捉えたばかりに、虚偽記憶を説明するためには特別な機能を付与しなければいけなくなったり、注意を表現するために、フィルタだったり、資源だったり様々なメタファーをまぜこぜに使わなければならなくなっているようにも見えてしまう。認知心理学の知見に基づいて人間のような機能を持った人工知能を作ろうとしたら、鵺やキメラのような構造になってしまうだろう。

　それに対して、本書のパラダイムには二重砂山モデルしかない。たった1つのモデルの振る舞いとして、本書に挙げている様々な現象に対して統一的な説明を与えている。たった1つの二重砂山モデルさえ実装すればよいのである。10の現象に対して、前提の異なる1000の理論やモデルと、10の現象に対してたった1つのモデル

で説明できる理論と、どちらが正しそうに見えるであろうか。

　二重砂山モデルによる説明は、従来の心理学に比べて不十分な点もあるであろうし、カバーできていない現象も少なくはない。しかしこのことは、二重砂山モデルの限界を意味するのではない。二重砂山モデルによって現象を説明しようとする人が著者1人であり、マンパワーが足りないためであるに過ぎないのである。もしかすると、不十分なだけでなく、間違っている部分もあるのかもしれないが、二重砂山モデルを基礎として考える人が増えれば、ブラッシュアップされていくことだろう。

　さて、本書はごくわずかな原則によって数多くの現象を説明できることを紹介してきたが、原則の中でも特に重要なものとして、学習の基となる記銘のメカニズムと、符号化特殊性原理のメカニズムが挙げられよう。学習とはすなわち記銘を繰り返すことによって神経細胞のネットワークを疎にしていくことであり、符号化特殊性原理のメカニズムとは、感覚ごとに別々に記銘したり想起したりするのではなく、全部をまとめて経験単位で記銘したり想起したりすることを意味する。そうすると、現在の心理学の問題点がまた1つ浮かんできてしまう。

　心理学実験の多くは、薄暗い実験室という本来ありえない環境において、普段処理しないような単純化された課題を延々と行うものである。実験心理学は、条件をきちんと統制するために極力文脈に依存しないようにして行うことが望ましいが、この文脈に依存しないことというのが、あまりに不自然なのである。文脈があれば疎なネットワークで対応できるところをあえて密なネットワークによって処理しようとするため、ある意味では応用の利かないデータを集めていることになる。文脈のない世界で確認された効果は、文脈によって作られる効果に比べてどれくらい大きいものだろうか。むし

ろ、文脈が作り出す効果の方が、はるかに大きいのではないだろうか。

　近年では、センサー技術が発達し、付けていることを忘れてしまうようなデバイスさえ出てきているため、もしかすると実生活の中から心理学実験のデータを集めることができるようになるかもしれない。こうして集められたデータは、従来の実験心理学が気を使ってきた統制をとることができないため、ビッグデータ的な分析を求められるだろう。しかし、ビッグデータ的な分析によって得られる情報は、因果を説明できるようなものではない（心理学研究のほとんども、相関は言えても因果までは言えない場合の方が圧倒的に多いであろうが…）。

　そうすると、心理学実験を強烈にサポートできる技術はおよそ、バーチャルリアリティになるであろう。バーチャルリアリティは、薄暗い実験室の中に文脈という色合いを添えることができる。バーチャルリアリティのコンテンツの中で海に潜った人は、本来感じることがない磯の匂いを感じたり、人と近接するコンテンツを体験した人は、本来ありえない吐息を感じたりしたという話を聞く。これは、クロスモーダルであり、符号化特殊性原理の表れであると捉えることができるであろう。

　最後に、本書のパラダイムを基礎に置いたとき、どのような新たな研究が展開できそうか考えてみよう。まず、反応時間分布に関する新たな分析である。反応時間は心理学研究において非常によく用いられている指標であって、心理学の基礎的な知見は反応時間を分析することで導出されたものであると言っても差しさわりないであろう。本書で導出した反応時間の分析方法を用いるには、反応時間分布の幅が広いことが条件になるであろうが、平均反応時間を用いたり、指数ガウス分布を用いたりするよりも適切に分布を扱え、さ

らに多くの知見を導出してくれることであろう。高価な測定装置を用意することなく反応時間分布を見ることによって、うつ病や発達障害を見分けることができるパラダイムが生まれるかもしれない。

　次に文脈に関する研究である。符号化特殊性原理や記銘のメカニズムを考えると、人によって文脈から受ける影響の大きさが異なることだろう。たとえば、ピアノに触ったことがない人と、プロのピアニストでは、ピアノを触ったときに起こる身体反応は当然に異なるであろう。このような十分に訓練を受けた人と、そうでない人の比較として、あらゆる文脈を比較してみるのも面白いのではないだろうか。ロボットを動かすインタフェースとして、ラジコンのコントローラーを用意するよりも、ピアニストにはピアノ型のインタフェース、ギタリストにはギター型のインタフェース、けん玉の達人にはけん玉のインタフェースを用意した方がよいという結論に至るならば、それもまた一興である。

　認知心理学が主流になる前に、行動主義心理学という流派があった。初期の行動主義心理学では、認知心理学が心的過程と名付けた部分をブラックボックスとして扱っていた。このブラックボックスは、下手に仮説を立てて考えるよりも神経科学の発展によって埋められるべきものとして、あえて手を付けなかったとも考えられる。ところで、二重砂山モデルは簡易な大脳のモデルでもあり、行動主義心理学のブラックボックスにすっぽりと当てはめることができる。新しい自然主義心理学は、行動主義心理学と相性がよいと考えられる。

　人の頭の中で雪崩が起きているように、人の営みである科学においても雪崩が起きている。これまで正しかったと考えられていた理論やモデルが否定され、新たな理論やモデルが生まれることもある。ある人は新しいものを受け入れ、またある人は否定されたパラダイ

ムに固執し続けることだろう。パラダイムシフトという大きな雪崩
は、結局のところ、個人個人の頭の中で起こる雪崩に依存している
と考えることもできる。本書の投げかけは、心理学という大きな砂
山の上に、ほんの１粒の砂を投げかけることにほかならない。もし
かしたら、この砂はいかなる雪崩も引き起こさずに埋もれていくか
もしれない。しかし、この１粒が誰かの頭の中で雪崩を引き起こし、
この雪崩が波及していくことで、世界中に蔓延しているある種の考
え方を駆逐してしまうかもしれない。今は、ただ、投げかけた砂が
何かを引き起こせるのかを、ただ見守ることにしよう。

付録　反応時間分布

　反応時間の分布は、二重砂山モデルでは次のようになる。まず、文学的な説明を行う。課題を開始する前の状態では、神経細胞のネットワークトポロジーは非常に密であって、神経雪崩の発生間隔は長く、神経雪崩のサイズは小さく、持続時間は短いものしか出現しない状態である。そして、課題が始まると、右大脳半球、左大脳半球の神経細胞のネットワークトポロジーは、遅いシナプス後電位の活動によって徐々に疎な状態になっていく。そして、ネットワークトポロジーが疎な状態では、神経雪崩の発生間隔は短くなり、神経雪崩のサイズと持続時間は長くなっていく。右大脳半球または左大脳半球のいずれかである程度以上の神経雪崩が発生すると、半球間抑制によって他方の大脳半球の活動が抑制され、最後に反応に至る。

　これを分布の形に起こすには、まず、反応時間分布をそのまま求めるのではなく、累積度数分布を求める方が簡単である。なお、累積度数分布とは、値を積み上げていく分布で、たとえば、反応時間のデータが、650ms、750ms、750ms、850ms だった場合、ヒストグラムを描くと、600 〜 700ms のところに 1、700 〜 800ms のところに 2、800 〜 900ms のところに 1 が立つ。累積度数分布の場合には、600ms まではデータがないために 0 であり、650ms のところで値が 1 になり、750ms のところで、先ほどの 1 に 2 つの値を加え 3、そして 850ms のところでさらに 1 を加えて 4 となる。累積

度数分布の場合には、右上がりの単調増加のグラフになる。

　二重砂山モデルの振る舞いを累積分布に起こす。まず、二重砂山モデルは、大脳の振る舞いをモデル化したものであるため、反応時間に最も時間的に寄与するのが、大脳の活動に要する時間が長い場合に限定することになる。まず、分布を形作る部分では、2つの指数分布の積と表現することができる。これは、2つの大脳半球がそれぞれ独立に、神経雪崩を起こすべく活動することを表しており、神経雪崩の発生間隔は砂山モデルにおいて指数分布に乗るからである。つまり、2つの指数分布のうち、遅い方の時間を採用する形になる。式に表すと、

$$F(t) = (1 - \exp(\frac{-t}{a})) \times (1 - \exp(\frac{-t}{b}))$$

　なお、パラメータのa、bは指数分布のパラメータであり、値が大きいほど、分布の幅は広くなる。つまり、遅い反応が起きやすくなる。砂山モデルの結果と対応づけると、ネットワークトポロジーが密な場合には、神経雪崩の発生間隔が長くなり、疎な場合には発生間隔が短くなるため、a および b は、ネットワークトポロジーの疎密と対応する指標にもなる。

　分布関数を求めるためには、累積分布を微分すればよく、

$$f(t) = \frac{dF(t)}{dt} = \frac{1}{b}\exp(\frac{-t}{b}) \times (1 - \exp(\frac{-t}{a})) + \frac{1}{a}\exp(\frac{-t}{a}) \times (1 - \exp(\frac{-t}{b}))$$

である。

　先にも説明したが、何もしていない状態では、ネットワークトポロジーは密な状態であって、遅いシナプス後電位によって疎な状態に移行するため、遅いシナプス後電位の活動時間も組み込まなけれ

ばならない。遅いシナプス後電位は、数 10ms 〜数分の時間経過を経るものもあるが、二重砂山モデルでは、同一の課題を行い続ける実験室環境のデータを対象にするため、この時間は定数に簡略化する。

　反応時間には、大脳が活動する時間の他に、ディスプレー上の刺激を受け取る時間や指を動かす時間もかかってくる。これらは簡単にするため定数に置き、遅いシナプス後電位の時間と合わせて扱うことにする。（反応時間というデータから複数の定数を別々に分けて扱うことができないため。）これらの時間を tc と呼ぶことにすると、反応時間の分布は、

$$f(t) = \frac{1}{b} \exp\left(\frac{-(t-tc)}{b}\right) \times \left(1 - \exp\left(\frac{-(t-tc)}{a}\right)\right)$$
$$+ \frac{1}{a} \exp\left(\frac{-(t-tc)}{a}\right) \times \left(1 - \exp\left(\frac{-(t-tc)}{b}\right)\right)$$

である。ただし、$t < tc$ の場合には $f(t)$ は 0 とする。

　この反応時間の分布は、正規分布等に比べて複雑な形をしているため、正規分布を前提とした最尤推定法などを使って実際の実験データに当てはめることはできない。もし、当てはめてそのパラメータによる議論をしたい場合には、実験データの累積度数分布と、二重砂山モデルの累積分布関数の間で最小二乗法によるパラメータの推定を行うことになる。

　反応時間の分布が二重砂山モデルで再現できるか、反応時間の分布が広くなる課題だと考えられるストループ課題やスイッチタスクによって反応時間を取得し、当てはめを行ってみよう。原理原則になるようなモデルを作り、このモデルを検証するときには、たとえば、空気抵抗や摩擦のような些末な効果を無視してモデルを作った

上でこれらの影響が出づらい状況を作って実験を行うべきである。たとえば、空気抵抗を無視したければ、質量が大きく体積が小さい物体を実験に用いるべきであり、摩擦を無視したければ摩擦が少ない氷の上で物体を動かせばよいのである。それと同様に、二重砂山モデルで無視している効果が出づらい実験として、分布の幅が広くなると期待できる実験を選ぶ。なぜならば、二重砂山モデルはいわば簡易な大脳のモデルであって、たとえば運動の時間などは考慮の外である。そのため、大脳が使う時間が多い課題を用いた場合には、相対的に運動の時間が短くなり、無視しやすくなるからである。

あ著者紹介

三ヶ尻陽一（みかじり　よういち）

1980 年神奈川県生まれ。現在、警察大学校警察情報通信研究センター助教授。2005 年青山学院大学大学院理工学研究科物理学専攻修了。特許庁特許資料調査員を経て、2006 年警察庁入庁。2014 年に東京大学工学系研究科先端学際工学専攻に入学、2017 年修了。博士（工学）。

新曜社　新しい自然主義心理学
自然法則に従う人間モデルからの出発

初版第 1 刷発行　2017 年 11 月 20 日

著　　者　三ヶ尻陽一

発行者　塩浦　暲

発行所　株式会社　新曜社
　　　　101-0051　東京都千代田区神田神保町 3-9
　　　　電話（03）3264-4973（代）・FAX（03）3239-2958
　　　　e-mail：info@shin-yo-sha.co.jp
　　　　U R L：http://www.shin-yo-sha.co.jp/

印　　刷　星野精版印刷
製　　本　イマヰ製本所